SHEMOT
LE LIVRE DE L'EXODE

Traduction par
ZADOC KAHN

TABLE DES MATIÈRES

Chapitre 1	1
Chapitre 2	4
Chapitre 3	7
Chapitre 4	10
Chapitre 5	14
Chapitre 6	17
Chapitre 7	20
Chapitre 8	23
Chapitre 9	27
Chapitre 10	31
Chapitre 11	35
Chapitre 12	37
Chapitre 13	43
Chapitre 14	46
Chapitre 15	50
Chapitre 16	53
Chapitre 17	57
Chapitre 18	59
Chapitre 19	63
Chapitre 20	66
Chapitre 21	69
Chapitre 22	73
Chapitre 23	76
Chapitre 24	80
Chapitre 25	83
Chapitre 26	87
Chapitre 27	91
Chapitre 28	94
Chapitre 29	99
Chapitre 30	104
Chapitre 31	108

Chapitre 32   110
Chapitre 33   114
Chapitre 34   117
Chapitre 35   121
Chapitre 36   125
Chapitre 37   129
Chapitre 38   132
Chapitre 39   136
Chapitre 40   140

CHAPITRE UN

Voici les noms des fils d'Israël, venus en Égypte ; ils y accompagnèrent Jacob, chacun avec sa famille :

2 Ruben, Siméon, Lévi et Juda ;

3 Issachar, Zabulon et Benjamin ;

4 Dan et Nephtali, Gad et Aser.

5 Toutes les personnes composant la lignée de Jacob étaient au nombre de soixante-dix. Pour Joseph, il était déjà en Égypte.

6 Joseph mourut, ainsi que tous ses frères, ainsi que toute cette génération.

7 Or, les enfants d'Israël avaient augmenté, pullulé, étaient devenus prodigieusement nombreux et ils remplissaient la contrée.

8 Un roi nouveau s'éleva sur l'Égypte, lequel n'avait point connu Joseph.

9 Il dit à son peuple : "Voyez, la population des enfants d'Israël surpasse et domine la nôtre.

10 Eh bien ! usons d'expédients contre elle ; autrement, elle

s'accroîtra encore et alors, survienne une guerre, ils pourraient se joindre à nos ennemis, nous combattre et sortir de la province."

11 Et l'on imposa à ce peuple des officiers de corvée pour l'accabler de labeurs et il bâtit pour Pharaon des villes d'approvisionnement, Pithom et Ramessès.

12 Mais, plus on l'opprimait, plus sa population grossissait et débordait et ils conçurent de l'aversion pour les enfants d'Israël.

13 Les Égyptiens accablèrent les enfants d'Israël de rudes besognes.

14 Ils leur rendirent la vie amère par des travaux pénibles sur l'argile et la brique, par des corvées rurales, outre les autres labeurs qu'ils leur imposèrent tyranniquement.

15 Le roi d'Égypte s'adressa aux sages femmes hébreues, qui se nommaient, l'une Chifra, l'autre Poûa

16 et il dit : "Lorsque vous accoucherez les femmes hébreues, vous examinerez les attributs du sexe : si c'est un garçon, faites-le périr ; une fille, qu'elle vive."

17 Mais les sages-femmes craignaient Dieu : elles ne firent point ce que leur avait dit le roi d'Égypte, elles laissèrent vivre les garçons.

18 Le roi d'Égypte manda les sages-femmes et leur dit : "Pourquoi avez-vous agi ainsi, avez-vous laissé vivre les garçons ?"

19 Les sages-femmes répondirent à Pharaon : "C'est que les femmes des Hébreux ne sont pas comme celles des Égyptiens, elles sont vigoureuses et avant que la sage-femme soit arrivée près d'elles, elles sont délivrées."

20 Le Seigneur bénit les sages-femmes et le peuple multiplia et s'accrut considérablement.

21 Or, comme les sages-femmes avaient craint le Seigneur et qu'il avait augmenté leurs familles,

22 Pharaon donna l'ordre suivant à tout son peuple : "Tout mâle nouveau-né, jetez-le dans le fleuve et toute fille laissez-la vivre."

CHAPITRE DEUX

Or, il y avait un homme de la famille de Lévi, qui avait épousé une fille de Lévi.

2 Cette femme conçut et enfanta un fils. Elle considéra qu'il était beau et le tint caché pendant trois mois.

3 Ne pouvant le cacher plus longtemps, elle lui prépara un berceau de jonc qu'elle enduisit de bitume et de poix, elle y plaça l'enfant et le déposa dans les roseaux sur la rive du fleuve.

4 Sa sœur se tint à distance pour observer ce qui lui arriverait.

5 Or, la fille de Pharaon descendit, pour se baigner, vers le fleuve, ses compagnes la suivant sur la rive. Elle aperçut le berceau parmi les roseaux et envoya sa servante qui alla le prendre.

6 Elle l'ouvrit, elle y vit l'enfant : c'était un garçon vagissant. Elle eut pitié de lui et dit : "C'est quelque enfant des Hébreux."

7 Sa sœur dit à la fille de Pharaon : "Faut-il t'aller quérir une nourrice parmi les femmes hébreues, qui t'allaitera cet enfant ?"

8 La fille de Pharaon lui répondit : "Va." Et la jeune fille alla quérir la mère de l'enfant.

9 La fille de Pharaon dit à celle-ci : "Emporte cet enfant et allaite-le moi, je t'en donnerai le salaire." Cette femme prit l'enfant et l'allaita.

10 L'enfant devenu grand, elle le remit à la fille de Pharaon et il devint son fils ; elle lui donna le nom de Moïse, disant : "Parce que je l'ai retiré des eaux."

11 Or, en ce temps-là, Moïse, ayant grandi, alla parmi ses frères et fut témoin de leurs souffrances.

12 Il aperçut un Égyptien frappant un Hébreu, un de ses frères. Il se tourna de côté et d'autre et ne voyant paraître personne, il frappa l'Égyptien et l'ensevelit dans le sable.

13 Étant sorti le jour suivant, il remarqua deux Hébreux qui se querellaient et il dit au coupable : "Pourquoi frappes-tu ton prochain ?"

14 L'autre répondit : "Qui t'a fait notre seigneur et notre juge ? Voudrais-tu me tuer, comme tu as tué l'Égyptien ?" Moïse prit peur et se dit : "En vérité, la chose est connue !"

15 Pharaon fut instruit de ce fait et voulut faire mourir Moïse. Celui-ci s'enfuit de devant Pharaon et s'arrêta dans le pays de Madian, où il s'assit près d'un puits.

16 Le prêtre de Madian avait sept filles. Elles vinrent puiser là et emplir les auges, pour abreuver les brebis de leur père.

17 Les pâtres survinrent et les repoussèrent. Moïse se leva, prit leur défense et abreuva leur bétail.

18 Elles retournèrent chez Réouël leur père, qui leur dit : "Pourquoi rentrez-vous sitôt aujourd'hui ?"

19 Elles répondirent : "Un certain Égyptien nous a défendues

contre les pâtres ; bien plus, il a même puisé pour nous et a fait boire le bétail."

20 Il dit à ses filles : "Et où est-il ? Pourquoi avez-vous laissé là cet homme ? Appelez-le, qu'il vienne manger."

21 Moïse consentit à demeurer avec cet homme, qui lui donna en mariage Séphora, sa fille.

22 Elle enfanta un fils, qu'il nomma Gersom, en disant : "Je suis un émigré sur une terre étrangère."

23 Il arriva, dans ce long intervalle, que le roi d'Égypte mourut. Les enfants d'Israël gémirent du sein de l'esclavage et se lamentèrent ; leur plainte monta vers Dieu du sein de l'esclavage.

24 Le Seigneur entendit leurs soupirs et il se ressouvint de son alliance avec Abraham, avec Isaac, avec Jacob.

25 Puis, le Seigneur considéra les enfants d'Israël et il avisa.

CHAPITRE TROIS

Or, Moïse faisait paître les brebis de Jéthro son beau-père, prêtre de Madian. Il avait conduit le bétail au fond du désert et était parvenu à la montagne divine, au mont Horeb.

2 Un ange du Seigneur lui apparut dans un jet de flamme au milieu d'un buisson. Il remarqua que le buisson était en feu et cependant ne se consumait point.

3 Moïse se dit : "Je veux m'approcher, je veux examiner ce grand phénomène : pourquoi le buisson ne se consume pas."

4 L'Éternel vit qu'il s'approchait pour regarder ; alors Dieu l'appela du sein du buisson, disant : "Moïse ! Moïse !" Et il répondit : "Me voici."

5 Il reprit : "N'approche point d'ici ! Ote ta chaussure, car l'endroit que tu foules est un sol sacré !"

6 Il ajouta : "Je suis la Divinité de ton père, le Dieu d'Abraham, d'Isaac et de Jacob..." Moïse se couvrit le visage, craignant de regarder le Seigneur.

7 L'Éternel poursuivit : "J'ai vu, j'ai vu l'humiliation de mon peuple qui est en Égypte ; j'ai accueilli sa plainte contre ses oppresseurs, car je connais ses souffrances.

8 Je suis donc intervenu pour le délivrer de la puissance égyptienne et pour le faire passer de cette contrée-là dans une contrée fertile et spacieuse, dans une terre ruisselante de lait et de miel, où habitent le Cananéen, le Héthéen, l'Amorréen, le Phérézéen, le Hévéen et le Jébuséen.

9 Oui, la plainte des enfants d'Israël est venue jusqu'à moi ; oui, j'ai vu la tyrannie dont les Égyptiens les accablent.

10 Et maintenant va, je te délègue vers Pharaon ; et fais que mon peuple, les enfants d'Israël, sortent de l'Égypte."

11 Moïse-dit au Seigneur : "Qui suis-je, pour aborder Pharaon et pour faire sortir les enfants d'Israël de l'Égypte ?"

12 Il répondit : "C'est que je serai avec toi et ceci te servira à prouver que c'est moi qui t'envoie : quand tu auras fait sortir ce peuple de l'Égypte, vous adorerez le Seigneur sur cette montagne même."

13 Moïse dit à Dieu : "Or, je vais trouver les enfants d'Israël et je leur dirai : Le Dieu de vos pères m'envoie vers vous... S'ils me disent : Quel est son nom ? que leur dirai-je ?"

14 Dieu répondit à Moïse : "Je suis l'Être invariable !" Et il ajouta : "Ainsi parleras-tu aux enfants d'Israël : C'est l'Être invariable qui m'a délégué auprès de vous."

15 Dieu dit encore à Moïse : "Parle ainsi aux enfants d'Israël : 'L'Éternel, le Dieu de vos pères, le Dieu d'Abraham, d'Isaac et de Jacob, m'envoie vers vous.' Tel est mon nom à jamais, tel sera mon attribut dans tous les âges.

16 Va rassembler les anciens d'Israël et dis-leur : 'L'Éternel, Dieu de vos pères, Dieu d'Abraham, d'Isaac et de Jacob, m'est

apparu en disant : J'ai fixé mon attention sur vous et sur ce qu'on vous fait en Égypte

17 et j'ai résolu de vous faire monter, du servage de l'Égypte, au territoire du Cananéen, du Héthéen, de l'Amorréen, du Phérézéen, du Hévéen et du Jébuséen, contrée ruisselante de lait et de miel.'

18 Et ils écouteront ta voix ; alors tu iras, avec les anciens d'Israël, trouver le roi d'Égypte et vous lui direz : 'L'Éternel, le Dieu des Hébreux, s'est manifesté à nous. Et maintenant nous voudrions aller à trois journées de chemin, dans le désert, sacrifier à l'Éternel, notre Dieu'

19 Or, je sais que le roi d'Égypte ne vous laissera point partir, pas même en présence d'une puissance supérieure.

20 Mais j'étendrai ma main et je terrasserai l'Égypte par tous les prodiges que j'accomplirai dans son sein ; alors seulement on vous laissera partir.

21 Et j'inspirerai aux Égyptiens de la bienveillance pour ce peuple ; si bien que, lorsque vous partirez, vous ne partirez point les mains vides.

22 Chaque femme demandera à sa voisine, à l'habitante de sa maison, des vases d'argent, des vases d'or, des parures ; vous en couvrirez vos fils et vos filles et vous dépouillerez l'Égypte.

CHAPITRE QUATRE

Moïse prit la parole et dit : "Mais certes, ils ne me croiront pas et ils n'écouteront pas ma voix, parce qu'ils diront : L'Éternel ne t'est point apparu."

2 Le Seigneur lui dit : "Qu'as-tu là à la main ?" Il répondit : "Une verge."

3 Il reprit : "Jette-la à terre !" Et il la jeta à terre et elle devint un serpent. Moïse s'enfuit à cette vue.

4 Le Seigneur dit à Moïse : "Avance la main et saisis sa queue !" Il avança la main et le saisit et il redevint verge dans sa main.

5 "Ceci leur prouvera qu'il s'est révélé à toi, l'Éternel, le Dieu de leurs pères, le Dieu d'Abraham, d'Isaac et de Jacob."

6 Le Seigneur lui dit encore : "Mets ta main dans ton sein." Il mit sa main dans son sein, l'en retira et voici qu'elle était lépreuse, blanche comme la neige.

7 Il reprit : "Replace ta main dans ton sein." Il remit sa main

dans son sein, puis il l'en retira et voici qu'elle avait repris sa carnation.

8 "Eh bien ! s'ils n'ont pas croyance en toi, s'ils sont sourds à la voix du premier prodige, ils devront céder à la voix du dernier.

9 Que s'ils restent incrédules en présence de ces deux prodiges et s'ils n'écoutent pas ta voix, tu prendras des eaux du fleuve et tu les répandras à terre et ces eaux que tu auras prises du fleuve deviendront du sang sur la terre."

10 Moïse dit à l'Éternel : "De grâce, Seigneur ! je ne suis habile à parler, ni depuis hier, ni depuis avant-hier, ni depuis que tu parles à ton serviteur ; car j'ai la bouche pesante et la langue embarrassée."

11 L'Éternel lui répondit : "Qui a donné une bouche à l'homme ? qui le fait muet ou sourd, clairvoyant ou aveugle, si ce n'est moi, l'Éternel ?

12 Va donc, je seconderai ta parole et je t'inspirerai ce que tu devras dire."

13 Il repartit : "De grâce, Seigneur ! donne cette mission à quelque autre !"

14 Le courroux de l'Éternel s'alluma contre Moïse et il dit : "Eh bien ! c'est Aaron ton frère, le Lévite, que je désigne ! Oui, c'est lui qui parlera ! Déjà même il s'avance à ta rencontre et à ta vue il se réjouira dans son cœur.

15 Tu lui parleras et tu transmettras les paroles à sa bouche ; pour moi, j'assisterai ta bouche et la sienne et je vous apprendrai ce que vous aurez à faire.

16 Lui, il parlera pour toi au peuple, de sorte qu'il sera pour toi un organe et que tu seras pour lui un inspirateur.

17 Cette même verge, tu l'auras à la main, car c'est par elle que tu opéreras les miracles."

18 Là-dessus Moïse s'en retourna chez Jéthro, son beau-père et lui dit : "Je voudrais partir, retourner près de mes frères qui sont en Égypte, afin de voir s'ils vivent encore." Jéthro répondit à Moïse : "Va en paix."

19 L'Éternel dit à Moïse, en Madian : "Va, retourne en Égypte ; tous ceux-là sont morts qui en voulaient à ta vie."

20 Moïse emmena sa femme et ses enfants, les plaça sur un âne et reprit le chemin du pays d'Égypte. Moïse tenait la verge divine à la main.

21 L'Éternel dit à Moïse : "Maintenant que tu te disposes à rentrer en Égypte, sache que tous les miracles dont je t'aurai chargé, tu les accompliras devant Pharaon mais moi je laisserai s'endurcir son cœur et il ne renverra point le peuple.

22 Alors tu diras à Pharaon : 'Ainsi parle l'Éternel : Israël est le premier-né de mes fils ;

23 or, je t'avais dit : Laisse partir mon fils, pour qu'il me serve et tu as refusé de le laisser partir. Eh bien ! moi, je ferai mourir ton fils premier-né.' "

24 Pendant ce voyage, il s'arrêta dans une hôtellerie ; le Seigneur l'aborda et voulut le faire mourir.

25 Séphora saisit un caillou, retrancha l'excroissance de son fils et la jeta à ses pieds en disant : "Est-ce donc par le sang que tu es uni à moi ?"

26 Le Seigneur le laissa en repos. Elle dit alors : "Oui, tu m'es uni par le sang, grâce à la circoncision !"

27 L'Éternel dit à Aaron : "Va au-devant de Moïse, dans le désert." Il y alla ; il le rencontra sur la montagne et l'embrassa.

28 Moïse fit part à Aaron de toutes les paroles dont l'Éternel l'avait chargé et de tous les prodiges qu'il lui avait donné mission d'accomplir.

29 Alors Moïse et Aaron partirent et assemblèrent tous les anciens des enfants d'Israël.

30 Et Aaron dit toutes les paroles que l'Éternel avait adressées à Moïse et il opéra les prodiges à la vue du peuple.

31 Et le peuple y eut foi ; ils comprirent que l'Éternel s'était souvenu des enfants d'Israël, qu'il avait considéré leur misère et ils courbèrent la tête et se prosternèrent.

CHAPITRE CINQ

Puis, Moïse et Aaron vinrent trouver Pharaon et lui dirent : "Ainsi a parlé l'Éternel, Dieu d'Israël : Laisse partir mon peuple, pour qu'il célèbre mon culte dans le désert."

2 Pharaon répondit : "Quel est cet Éternel dont je dois écouter la parole en laissant partir Israël ? Je ne connais point l'Éternel et certes je ne renverrai point Israël."

3 Ils reprirent : "Le Dieu des Hébreux s'est manifesté à nous. Nous voudrions donc aller à trois journées de chemin dans le désert et sacrifier à l'Éternel notre Dieu, de peur qu'il ne sévisse sur nous par la peste ou par le glaive."

4 Le roi d'Égypte leur dit : "Pourquoi, Moïse et Aaron, débauchez-vous le peuple de ses travaux ? Allez à vos affaires !"

5 Pharaon ajouta : "Vraiment, cette population est nombreuse à présent dans le pays et vous leur feriez interrompre leurs corvées ?"

6 Et Pharaon donna, ce jour même, aux commissaires du peuple et à ses surveillants l'ordre suivant :

7 "Vous ne fournirez plus, désormais, de la paille au peuple pour la préparation des briques, comme précédemment ; ils iront eux-mêmes faire leur provision de paille.

8 Du reste, la quantité de briques qu'ils faisaient précédemment, imposez-la leur encore, n'en rabattez rien. Car ils sont désœuvrés, voilà pourquoi ils profèrent ces clameurs : 'Allons sacrifier à notre Dieu !'

9 Qu'il y ait donc surcharge de travail pour eux et qu'ils y soient astreints ; et qu'on n'ait pas égard à des propos mensongers."

10 Les commissaires du peuple et ses surveillants sortirent et parlèrent ainsi au peuple : "Voici ce qu'a dit Pharaon : 'Je ne vous donnerai plus de paille ;

11 vous mêmes, allez, fournissez-vous de paille où vous pourrez en trouver, car il n'est rien diminué de votre besogne.' "

12 Et le peuple se répandit par tout le pays d'Égypte, pour ramasser du chaume en guise de paille.

13 Les commissaires le harcelaient, disant : "Remplissez votre tâche jour par jour, comme lorsque la paille vous était livrée."

14 On frappa les surveillants des enfants d'Israël que les commissaires de Pharaon leur avaient préposés, en disant : "Pourquoi n'avez-vous pas fait toute votre tâche en livrant les briques comme précédemment, ni hier ni aujourd'hui ?"

15 Les surveillants des enfants d'Israël vinrent se plaindre à Pharaon en ces termes : "Pourquoi traites-tu ainsi tes serviteurs ?

16 La paille, il n'en est pas fourni à tes serviteurs et pourtant

on nous dit 'Faites des briques !' A présent tes serviteurs sont frappés et c'est ton peuple qui est coupable."

17 Il répondit : "Vous êtes des gens désœuvrés, oui, désœuvrés ! c'est pour cela que vous dites : 'Allons sacrifier à l'Éternel.'

18 Et maintenant, allez au travail ! La paille ne vous sera point donnée et vous fournirez la même quantité de briques."

19 Les surveillants des enfants d'Israël les traitèrent avec rigueur, en disant :"Vous ne ferez pas moins de briques que précédemment, jour par jour."

20 Or, ils avaient rencontré Moïse et Aaron, debout devant eux, comme ils sortaient de chez Pharaon ;

21 et ils leur avaient dit : "Que l'Éternel vous regarde et vous juge, vous qui nous avez mis en mauvaise odeur auprès de Pharaon et de ses serviteurs ; vous qui avez mis le glaive dans leur main pour nous faire périr !"

22 Moïse retourna vers le Seigneur et dit : "Mon Dieu, pourquoi as-tu rendu ce peuple misérable ? Dans quel but m'avais-tu donc envoyé ?

23 Depuis que je me suis présenté à Pharaon pour parler en ton nom, le sort de ce peuple a empiré, bien loin que tu aies sauvé ton peuple !"

CHAPITRE SIX

L'Éternel dit à Moïse : "C'est à présent que tu seras témoin de ce que je veux faire à Pharaon. Forcé par une main puissante, il les laissera partir ; d'une main puissante, lui-même les renverra de son pays."

2 Dieu adressa la parole à Moïse, en disant : "Je suis l'Éternel.

3 J'ai apparu à Abraham, à Isaac, à Jacob, comme Divinité souveraine ; ce n'est pas en ma qualité d'Étre immuable que je me suis manifesté à eux.

4 De plus, j'avais établi mon alliance avec eux en leur faisant don du pays de Canaan, cette terre de leurs pérégrinations où ils vécurent étrangers

5 et enfin, j'ai entendu les gémissements des enfants d'Israël, asservis par les Égyptiens et je me suis souvenu de mon alliance.

6 Donc, parle ainsi aux enfants d'Israël : 'Je suis l'Éternel ! Je veux vous soustraire aux tribulations de l'Égypte et vous déli-

vrer de sa servitude ; et je vous affranchirai avec un bras étendu, à l'aide de châtiments terribles.

7 Je vous adopterai pour peuple, je deviendrai votre Dieu ; et vous reconnaîtrez que moi, l'Éternel, je suis votre Dieu, moi qui vous aurai soustraits aux tribulations de l'Égypte.

8 Puis, je vous introduirai dans la contrée que j'ai solennellement promise à Abraham, à Isaac et à Jacob ; je vous la donnerai comme possession héréditaire, moi l'Éternel.' "

9 Moïse redit ces paroles aux enfants d'Israël mais ils ne l'écoutèrent point, ayant l'esprit oppressé par une dure servitude.

10 L'Éternel parla à Moïse en ces termes :

11 "Va, dis à Pharaon, roi d'Égypte, qu'il laisse partir de son pays les enfants d'Israël."

12 Mais Moïse s'exprima ainsi devant l'Éternel : "Quoi ! les enfants d'Israël ne m'ont pas écouté et Pharaon m'écouterait, moi qui ai la parole embarrassée !"

13 Alors l'Éternel parla à Moïse et à Aaron ; il leur donna des ordres pour les enfants d'Israël et pour Pharaon, roi d'Égypte, afin de faire sortir les enfants d'Israël du pays d'Égypte.

14 Voici les souches de leur famille paternelle. Fils de Ruben, premier-né d'Israël : Hanoc, Pallou, Heçrôn et Karmi. Telles sont les familles de Ruben.

15 Fils de Siméon : Yemouel, Yamîn, Ohad, Yakhin, Çôhar et Chaoul, fils de la Cananéenne. Telles sont les familles de Siméon.

16 Et voici les noms des fils de Lévi, selon leur ordre de naissance : Gerson, Kehath, Merari. La durée de la vie de Lévi fut de cent trente-sept ans.

17 Fils de Gerson : Libni et Chimi, avec leurs familles.

18 Fils de Kehath : Amram, Yiçhar, Hébrôn et Ouzziel. Les années de la vie de Kehath : cent trente-trois ans.

19 Fils de Merari : Mahli et Mouchi. Ce sont là les familles lévitiques selon leur filiation.

20 Amram choisit Jocabed, sa tante, pour épouse ; elle lui enfanta Aaron et Moïse. Les années de la vie d'Amram : cent trente-sept ans.

21 Fils de Yiçhar : Coré, Néfeg et Zikri.

22 Fils d'Ouzziel : Michaël, Elçafân et Sithri.

23 Aaron choisit pour épouse Élichéba, fille d'Amminadab, sœur de Nahchôn ; elle lui enfanta Nadab et Abihou, Éléazar et Ithamar.

24 Fils de Coré : Assir, Elkana et Abiasaf. Telles sont les familles des Coréites.

25 Quant à Éléazar, fils d'Aaron, il choisit pour femme une des filles de Poutïel et elle lui enfanta Phinéas. Telles sont les souches paternelles des Lévites, selon leurs familles.

26 C'est ce même Aaron, ce même Moïse, à qui Dieu dit : "Faites sortir les enfants d'Israël du pays d'Égypte, selon leurs légions."

27 Ce sont eux qui parlèrent à Pharaon, roi d'Égypte, à l'effet de conduire hors d'Égypte les enfants d'Israël ; savoir, Moïse et Aaron.

28 Or, le jour où l'Éternel avait parlé à Moïse, dans le pays d'Égypte.

29 L'Éternel avait parlé ainsi à Moïse : "Je suis l'Éternel ! Transmets à Pharaon, roi d'Égypte, tout ce que je te dirai."

30 Et Moïse avait dit devant l'Éternel : "Certes, j'ai la parole embarrassée, comment donc Pharaon m'écouterait-il ? "

CHAPITRE SEPT

Alors l'Éternel dit à Moïse "Regarde ! je fais de toi un dieu à l'égard de Pharaon et Aaron ton frère sera ton prophète.

2 Toi, tu diras tout ce que je t'aurai ordonné et Aaron, ton frère, parlera à Pharaon pour qu'il renvoie les Israélites de son pays.

3 Pour moi, j'endurcirai le cœur de Pharaon et je multiplierai mes signes et mes preuves de puissance dans le pays d'Égypte.

4 Pharaon ne vous écoutera pas, mais j'imposerai ma main sur l'Égypte et je ferai sortir mes légions, les Israélites mon peuple, du pays d'Égypte, après une vindicte éclatante.

5 Et les Égyptiens reconnaîtront que je suis l'Éternel, lorsque j'étendrai ma main sur eux et que je ferai sortir du milieu d'eux les enfants d'Israël."

6 Moïse et Aaron obéirent comme l'Éternel leur avait enjoint, ainsi firent-ils.

7 Or, Moïse était âgé de quatre-vingts ans et Aaron de quatre-

vingt-trois ans, lorsqu'ils parlèrent à Pharaon.

8 L'Éternel parla à Moïse et à Aaron en ces termes :

9 "Lorsque Pharaon vous dira : 'Produisez une preuve de votre mission', tu diras à Aaron : 'Prends ta verge et jette-la devant Pharaon, qu'elle devienne serpent !'"

10 Moïse et Aaron se rendirent chez Pharaon et firent exactement comme l'avait prescrit le Seigneur. Aaron jeta sa verge en présence de Pharaon et de ses serviteurs et elle devint serpent.

11 Pharaon, de son côté, manda les experts et les magiciens ; et les devins de l'Égypte en firent autant par leurs prestiges.

12 Ils jetèrent chacun leurs verges et elles se transformèrent en serpent, mais la verge d'Aaron engloutit les leurs.

13 Le cœur de Pharaon persista et il ne leur céda point, ainsi que l'avait prédit l'Éternel.

14 L'Éternel dit à Moïse : "Le cœur de Pharaon est opiniâtre, il refuse de laisser partir le peuple.

15 Va trouver Pharaon le matin, comme il se dirigera vers les eaux ; tu te tiendras sur son passage, au bord du fleuve et cette verge qui a été changée en serpent, tu l'auras à la main.

16 Et tu lui diras : 'L'Éternel, Divinité des Hébreux, m'avait délégué vers toi pour te dire : Renvoie mon peuple et qu'il m'adore au désert ; or, tu n'as pas obéi jusqu'à présent.

17 Ainsi parle l'Éternel : Voici qui t'apprendra que je suis l'Éternel ! Je vais frapper, de cette verge que j'ai à la main, les eaux du fleuve et elles se convertiront en sang.

18 Les poissons du fleuve périront et le fleuve deviendra infect et les Égyptiens renonceront à boire de ses eaux.'"

19 L'Éternel dit à Moïse : "Parle ainsi à Aaron : 'Prends ta verge, dirige ta main sur les eaux des Égyptiens, sur leurs fleuves, sur leurs canaux, sur leurs lacs, sur tous leurs réservoirs,

et elles deviendront du sang et il n'y aura que du sang dans tout le pays d'Égypte, même dans les vaisseaux de bois et de pierre.' "

20 Moïse et Aaron agirent ainsi qu'avait ordonné l'Éternel : Aaron leva la verge, frappa les eaux du fleuve à la vue de Pharaon et de ses serviteurs et toutes les eaux du fleuve se changèrent en sang.

21 Les poissons du fleuve moururent, le fleuve devint infect et les Égyptiens ne purent boire de ses eaux. Il n'y eut que du sang dans tout le pays d'Égypte.

22 Mais, comme les devins de l'Égypte en faisaient autant par leurs prestiges, le cœur de Pharaon persista et il ne leur céda point, selon ce qu'avait prédit l'Éternel.

23 Pharaon s'en retourna et rentra dans sa demeure, sans se préoccuper non plus de ce prodige.

24 Tous les Égyptiens creusèrent dans le voisinage du fleuve, pour trouver de l'eau à boire ; car ils ne pouvaient boire de l'eau du fleuve.

25 Sept jours pleins s'écoulèrent après que l'Éternel eut frappé le fleuve.

26 Alors l'Éternel dit à Moïse "Va trouver Pharaon et lui dis : 'Renvoie mon peuple, qu'il puisse m'adorer.

27 Si tu refuses de le renvoyer, je m'apprête à infester de grenouilles tout ton territoire.

28 Le fleuve regorgera de grenouilles, elles en sortiront pour envahir ta demeure et la chambre où tu reposes et jusqu'à ton lit ; les demeures de tes serviteurs, celles de ton peuple et tes fours et tes pétrins.

29 Toi-même et ton peuple et tous tes serviteurs, les grenouilles vous assailliront.' "

CHAPITRE HUIT

L'Éternel dit à Moïse : "Parle ainsi à Aaron : 'Dirige ta main, avec ta verge, sur les fleuves, sur les canaux, sur les lacs ; et suscite les grenouilles sur le pays d'Égypte.' "

2 Aaron dirigea sa main sur les eaux de l'Égypte ; les grenouilles montèrent et envahirent le pays d'Égypte.

3 Autant en firent les devins par leurs enchantements ils suscitèrent des grenouilles sur le pays d'Égypte.

4 Pharaon manda Moïse et Aaron et leur dit : "Sollicitez l'Éternel, pour qu'il écarte les grenouilles de moi et de mon peuple ; je laisserai partir le peuple hébreu, pour qu'il sacrifie à l'Éternel."

5 Moïse répondit à Pharaon : "Prends cet avantage sur moi, de me dire quand je dois demander pour toi, tes serviteurs et ton peuple, que les grenouilles se retirent de toi et de tes demeures, qu'elles restent seulement dans le fleuve."

6 Il repartit : "Dès demain." Moïse reprit : "Soit fait selon ta parole, afin que tu saches que nul n'égale l'Éternel notre Dieu.

7 Oui, les grenouilles se retireront de toi et de tes demeures, de tes serviteurs et de ton peuple : elles seront reléguées dans, le fleuve."

8 Moïse et Aaron étant sortis de chez Pharaon, Moïse implora le Seigneur au sujet des grenouilles qu'il avait envoyées contre Pharaon

9 et le Seigneur agit selon la parole de Moïse : les grenouilles périrent dans les maisons, dans les fermes et dans les champs.

10 On les entassa par monceaux ; le pays en était infecté.

11 Mais Pharaon, se voyant de nouveau à l'aise, appesantit son cœur et ne leur obéit point, ainsi que l'avait prédit l'Éternel.

12 L'Éternel dit à Moïse "Parle ainsi à Aaron : 'Étends ta verge et frappe la poussière de la terre, elle se changera en vermine dans tout le pays d'Égypte.' "

13 Ils obéirent : Aaron étendit sa main armée de la verge, frappa la poussière de la terre et la vermine couvrit hommes et bêtes ; toute la poussière de la terre se transforma en vermine, par tout le pays d'Égypte.

14 Les devins essayèrent à leur tour, par leurs enchantements, de faire disparaître la vermine, mais ils ne purent : la vermine resta sur les hommes et sur le bétail.

15 Les devins dirent à Pharaon : "Le doigt de Dieu est là !" Mais le cœur de Pharaon persista et il ne les écouta point, ainsi que l'avait dit l'Éternel.

16 L'Éternel dit à Moïse : "Demain, de bon matin, présente-toi devant Pharaon, car il se dirigera vers les eaux et dis-lui : 'Ainsi parle l'Éternel : Renvoie mon peuple pour qu'il m'adore !

17 Que si tu ne renvoies pas mon peuple, moi je susciterai

contre toi et tes serviteurs et ton peuple et tes maisons, les animaux malfaisants ; les maisons des Égyptiens seront envahies par eux, comme aussi la contrée où ils demeurent.

18 Je distinguerai, en cette occurrence, la province de Gessen où réside mon peuple, en ce qu'il n'y paraîtra point d'animaux malfaisants afin que tu saches que moi, l'Éternel, je suis au milieu de cette province.

19 Oui, je ferai une séparation salutaire entre mon peuple et le tien ; c'est à demain qu'est réservé ce prodige.' "

20 Ainsi fit l'Éternel. Un formidable essaim d'animaux pénétra dans la demeure de Pharaon et dans celles de ses serviteurs ; dans tout le pays d'Égypte, la terre était infestée par eux.

21 Pharaon manda Moïse et Aaron et dit : "Allez sacrifier à votre Dieu dans le pays."

22 Moïse répondit : "Il ne convient pas d'agir ainsi, car c'est la terreur de l'Égypte que nous devons immoler à l'Éternel notre Dieu. Or, nous immolerions sous leurs yeux la terreur des Égyptiens et ils ne nous lapideraient point !

23 C'est à trois journées de chemin dans le désert que nous voulons aller et nous y sacrifierons à l'Éternel notre Dieu selon ce qu'il nous enjoindra."

24 Pharaon reprit : "Je vous laisserai partir, pour sacrifier à l'Éternel votre Dieu dans le désert ; toutefois, gardez vous d'aller trop loin. Intercédez pour moi."

25 Moïse répondit : "Sitôt que je t'aurai quitté, je vais intercéder auprès de l'Éternel et les animaux malfaisants se retireront de Pharaon, de ses serviteurs et de son peuple, dès demain. Du moins, que Pharaon cesse de se jouer de nous, en ne laissant pas le peuple partir pour sacrifier à l'Éternel."

26 Sorti de chez Pharaon, Moïse implora le Seigneur.

27 Le Seigneur accomplit la parole de Moïse et il éloigna les animaux malfaisants de Pharaon, de ses serviteurs et de son peuple ; il n'en demeura pas un.

28 Mais Pharaon s'opiniâtra cette fois encore et il ne laissa point, partir le peuple.

CHAPITRE NEUF

L'Éternel dit à Moïse : "Rends-toi chez Pharaon et dis-lui : 'Ainsi a parlé l'Éternel, Dieu des Hébreux : Renvoie mon peuple pour qu'il m'adore.

2 Que si tu te refuses à le renvoyer, si tu persistes à le retenir,

3 voici : la main de l'Éternel se manifestera sur ton bétail qui est aux champs, chevaux, ânes, chameaux, gros et menu bétail, par une mortalité très grave.

4 Mais l'Éternel distinguera entre le bétail d'Israël et le bétail de Misraïm et rien ne périra de ce qui est aux enfants d'Israël.' "

5 L'Éternel fixa le jour en disant : "C'est demain que l'Éternel exécutera cette chose dans le pays."

6 Et l'Éternel exécuta la chose le lendemain ; et tout le bétail des Égyptiens périt et du bétail des Israélites il ne périt pas une bête.

7 Pharaon fit vérifier et de fait, pas un animal n'était mort du bétail des Israélites. Cependant le cœur de Pharaon s'obstina et il ne renvoya point le peuple.

8 L'Éternel dit à Moïse et à Aaron : "Prenez chacun une poignée de suie de fournaise ; et que Moïse la lance vers le ciel, à la vue de Pharaon.

9 Elle s'étendra en poussière sur tout le pays d'Égypte et elle s'attachera aux hommes et aux animaux, éclatant en éruption pustuleuse par tout le pays d'Égypte."

10 Ils prirent la suie de fournaise, se présentèrent devant Pharaon et Moïse la lança vers le ciel ; et elle devint une éruption pustuleuse, qui se développa sur les hommes et sur les animaux.

11 Les devins ne purent lutter contre Moïse, à cause de l'éruption car elle les avait frappés eux-mêmes avec toute l'Égypte.

12 Mais le Seigneur endurcit le cœur de Pharaon et il ne céda point, ainsi que le Seigneur l'avait dit à Moïse.

13 L'Éternel dit à Moïse : "Demain, de bonne heure, présente-toi, devant Pharaon et dis-lui : 'Ainsi parle l'Éternel, Dieu des Hébreux : Renvoie mon peuple pour qu'il m'adore !

14 Car, pour le coup, je déchaînerai tous mes fléaux contre toi-même, contre tes serviteurs, contre ton peuple, afin que tu saches que nul ne m'égale sur toute la terre.

15 Si à présent j'eusse étendu ma main et fait sévir, sur toi et sur ton peuple, la mortalité, tu aurais disparu de la terre !

16 Mais voici pourquoi je t'ai laissé vivre pour te faire voir ma puissance et pour glorifier mon nom dans le monde.

17 Tu persistes à t'élever contre mon peuple, en ne le laissant point partir :

18 Eh bien ! moi, je ferai pleuvoir demain, à pareille heure, une grêle très intense, telle qu'il n'y en aura pas eu de semblable dans l'Égypte depuis son origine jusqu'à ce jour.

19 Donc, fais rassembler ton bétail et tout ce que tu as dans

les champs. Tout homme ou animal qui se trouvera dans les champs et ne sera pas rentré dans les maisons, sera atteint de la grêle et périra.' "

20 Ceux des serviteurs de Pharaon qui révéraient la parole du Seigneur mirent à couvert leurs gens et leur bétail dans leurs maisons

21 mais ceux qui ne tinrent pas compte de la parole du Seigneur laissèrent leurs gens et leur bétail aux champs.

22 L'Éternel dit à Moïse : "Dirige ta main vers le ciel et que la grêle éclate dans tout le pays d'Égypte, sur les hommes, sur les bestiaux, sur toute l'herbe des champs dans le pays d'Égypte."

23 Moïse dirigea sa verge vers le ciel et le Seigneur produisit des tonnerres et de la grêle, des feux s'élancèrent sur le sol et le Seigneur fit pleuvoir la grêle sur le pays d'Égypte.

24 C'était une grêle et un feu tourbillonnant au milieu de la grêle ; c'était effroyable, rien de pareil n'était arrivé dans tout le pays des Égyptiens depuis qu'ils formaient une nation.

25 La grêle frappa, dans tout le pays d'Égypte, tout ce qui était dans les champs, depuis l'homme jusqu'à la bête ; toute herbe des champs fut abattue par la grêle et tout arbre des champs brisé.

26 La seule province de Gessen, où habitaient les enfants d'Israël, fut exempte de la grêle.

27 Pharaon fit appeler Moïse et Aaron et leur dit : "J'ai péché, je le vois à cette heure : l'Éternel est juste et c'est moi et mon peuple qui sommes coupables.

28 Implorez l'Éternel pour qu'il mette un terme à ces tonnerres célestes et à cette grêle ; alors je vous laisserai partir et vous n'éprouverez plus de retards."

29 Moïse lui répondit : "Au Moment où je quitterai la ville,

j'étendrai mes mains vers l'Éternel, les tonnerres cesseront et la grêle ne se produira plus, afin que tu saches que la terre est à l'Éternel.

30 Mais toi et tes serviteurs, je sais que vous ne rendrez pas encore hommage au Dieu éternel."

31 Or, le lin et l'orge avaient été abattus, parce que l'orge était en épi et le lin en fleur ;

32 mais le froment et l'épeautre n'avaient point souffert, parce qu'ils sont tardifs.

33 Moïse, étant sorti de chez Pharaon, hors de la ville, étendit les mains vers le Seigneur ; et tonnerres et grêle disparurent et la pluie ne s'épancha point sur la terre.

34 Pharaon, se voyant délivré de la pluie, de la grêle et des tonnerres, recommença à pécher et endurcit son cœur, lui et ses serviteurs.

35 Et Pharaon persista à ne pas renvoyer les enfants d'Israël, comme l'Éternel l'avait annoncé par l'organe de Moïse.

CHAPITRE DIX

L'Éternel dit à Moïse : "Rends toi chez Pharaon ; car moi même j'ai appesanti son cœur et celui de ses serviteurs, à dessein d'opérer tous ces prodiges autour de lui

2 et afin que tu racontes à ton fils, à ton petit-fils, ce que j'ai fait aux Égyptiens et les merveilles que j'ai opérées contre eux ; vous reconnaîtrez ainsi que je suis l'Éternel."

3 Moïse et Aaron se rendirent chez Pharaon et lui dirent "Ainsi parle l'Éternel, Dieu des Hébreux : 'Jusqu'à quand refuseras tu de fléchir devant moi ? Laisse partir mon peuple, pour qu'il m'adore !

4 Que si tu refuses de laisser partir mon peuple, je susciterai demain des sauterelles dans ton territoire.

5 Elles déroberont la vue de la terre et l'on ne pourra plus apercevoir la terre ; elles anéantiront le reste des ressources que vous a laissées la grêle, elles dévoreront toutes les plantes qui croissent pour vous dans les champs.

6 Elles rempliront tes maisons et les maisons de tous tes serviteurs et celles de toute l'Égypte : telles n'en virent point tes aïeux, ni les pères de tes aïeux, depuis le jour où ils occupèrent le pays jusqu'à ce jour.' " Et il se retira et sortit de devant Pharaon.

7 Les serviteurs de Pharaon lui dirent : "Combien de temps celui-ci nous portera-t-il malheur ? Laisse partir ces hommes, qu'ils servent l'Éternel leur Dieu : ignores-tu encore que l'Égypte est ruinée ?"

8 Moïse et Aaron furent rappelés auprès de Pharaon, qui leur dit : "Allez servir l'Éternel votre Dieu ; quels sont ceux qui iront ?"

9 Moïse répondit : "Nous irons jeunes gens et vieillards ; nous irons avec nos fils et nos filles, avec nos brebis et nos bœufs, car nous avons à fêter l'Éternel."

10 Il leur répliqua : "Ainsi soit l'Éternel avec vous, comme je compte vous laisser partir avec vos enfants ! Voyez comme vos intentions sont mauvaises !

11 Non pas !... Allez, je vous prie, vous autres hommes et servez l'Éternel, puisque c'est là ce que vous désirez." Et on les chassa de devant Pharaon.

12 L'Éternel dit à Moïse." Étends ta main sur le pays d'Égypte pour les sauterelles, afin qu'elles envahissent le pays d'Égypte et qu'elles dévorent tout l'herbage de la terre, tout ce qu'a épargné la grêle."

13 Moïse étendit sa verge sur le pays d'Égypte ; alors l'Éternel dirigea un vent d'est sur le pays tout ce jour-là, puis toute la nuit. Le matin venu, le vent d'est avait amené les sauterelles.

14 Elles se répandirent, les sauterelles, par tout le pays d'Égypte et elles s'abattirent sur tout le territoire égyptien.

C'était prodigieux : pareille quantité de sauterelles ne s'était pas encore vue, pareille quantité ne devait plus se voir.

15 Elles dérobèrent si complètement la vue du sol, qu'il en fut obscurci ; elles dévorèrent tout l'herbage de la terre : et tous les fruits d'arbre, épargnés par la grêle et il ne resta plus de verdure soit aux arbres, soit en herbe des champs, dans tout le pays d'Égypte.

16 Pharaon, en toute hâte, manda Moïse et Aaron et leur dit : "J'ai péché contre l'Éternel votre Dieu et contre vous.

17 Eh bien ! De grâce, pardonnez ma faute, cette fois seulement et suppliez l'Éternel votre Dieu qu'il me délivre, à tout prix, de ce fléau."

18 Moïse se retira de chez Pharaon et sollicita le Seigneur.

19 Et le Seigneur fit tourner le vent, qui souffla de l'ouest avec une grande violence, emporta les sauterelles et les noya dans la mer des joncs : il ne resta plus une sauterelle sur tout le territoire de l'Égypte.

20 Mais l'Éternel endurcit le cœur de Pharaon et il ne renvoya pas les enfants d'Israël.

21 L'Éternel dit à Moïse : "Dirige ta main vers le ciel et des ténèbres se répandront sur le pays d'Égypte, des ténèbres opaques."

22 Moïse dirigea sa main vers le ciel et d'épaisses ténèbres couvrirent tout le pays d'Égypte, durant trois jours.

23 On ne se voyait pas l'un l'autre et nul ne se leva de sa place, durant trois jours mais tous les enfants d'Israël jouissaient de la lumière dans leurs demeures.

24 Pharaon manda Moïse et dit : "Partez, adorez l'Éternel ; seulement, que votre menu et votre gros bétail demeurent, mais vos enfants peuvent vous suivre."

25 Moïse répondit : "Toi-même, tu nous donneras des victimes et des holocaustes pour les offrir à l'Éternel notre Dieu

26 et notre bétail ne nous suivra pas moins ; il n'en restera pas ici un ongle, car nous devons en prendre pour sacrifier à l'Éternel notre Dieu ; or, nous ne saurons de quoi lui faire hommage que lorsque nous serons arrivés."

27 Mais l'Éternel endurcit le cœur de Pharaon, qui ne consentit point à les laisser partir.

28 Pharaon dit à Moïse : "Sors de devant moi ! Garde-toi de reparaître à ma vue, car, le jour où tu verras mon visage, tu mourras !"

29 Moïse repartit : " Tu as bien dit. Je ne reverrai plus ton visage."

CHAPITRE ONZE

L'Éternel avait dit à Moïse : "Il est une plaie encore que j'enverrai à Pharaon et à l'Égypte et alors il vous laissera partir de ce pays ; en le faisant cette fois, il vous en repoussera d'une manière absolue.

2 Fais donc entendre au peuple que chacun ait à demander à son voisin et chacune à sa voisine, des vases d'argent et des vases d'or."

3 Le Seigneur avait fait trouver faveur à son peuple chez les Égyptiens ; cet homme aussi, Moïse, était très considéré dans le pays d'Égypte, aux yeux des serviteurs de Pharaon et aux yeux du peuple.

4 Moïse ajouta : "Ainsi a parlé l'Éternel : 'Au milieu de la nuit, je m'avancerai à travers l'Égypte

5 et alors périra tout premier-né dans le pays d'Égypte, depuis le premier né de Pharaon qui devait occuper son trône, jusqu'au premier-né de l'esclave qui fait tourner la meule ; de même tous les premiers-nés des animaux.

6 Et ce sera une clameur immense dans tout le pays d'Égypte, telle qu'il n'y en a pas eu, qu'il n'y en aura plus de pareille.

7 Quant aux enfants d'Israël, pas un chien n'aboiera contre eux ni contre leur bétail afin que vous reconnaissiez combien l'Éternel distingue entre Misraïm et Israël.

8 Tous ces courtisans qui t'entourent descendront jusqu'à moi et se prosterneront à mes pieds en disant : 'Pars, toi et tout le peuple qui t'obéit !' Et alors je partirai.' " Et il sortit, tout courroucé, de devant Pharaon.

9 L'Éternel avait dit à Moïse : "Pharaon ne vous cédera point, afin que mes miracles se multiplient dans le pays d'Égypte."

10 Or, Moïse et Aaron avaient exécuté tous ces miracles à la vue de Pharaon mais l'Éternel endurcit le cœur de Pharaon et il ne renvoya point les Israélites de son pays.

CHAPITRE DOUZE

L'Éternel parla à Moïse et à Aaron, dans le pays d'Égypte, en ces termes :

2 "Ce mois-ci est pour vous le commencement des mois ; il sera pour vous le premier des mois de l'année.

3 Parlez à toute la communauté d'Israël en ces termes : Au dixième jour de ce mois, que chacun se procure un agneau pour sa famille paternelle, un agneau par maison.

4 Celui dont le ménage sera trop peu nombreux pour manger un agneau, s'associera avec son voisin, le plus proche de sa maison, selon le nombre des personnes ; chacun, selon sa consommation, réglera la répartition de l'agneau.

5 L'animal doit être sans défaut, mâle, dans sa première année ; vous le choisirez parmi les brebis ou les chèvres.

6 Vous le tiendrez en réserve jusqu'au quatorzième jour de ce mois ; alors toute la communauté d'Israël l'immolera vers le soir.

7 On prendra de son sang et on en teindra les deux poteaux et le linteau des maisons dans lesquelles on le mangera.

8 Et l'on en mangera la chair cette même nuit ; on la mangera rôtie au feu et accompagnée d'azymes et d'herbes amères.

9 N'en mangez rien qui soit à demi cuit, ni bouilli dans l'eau mais seulement rôti au feu, la tête avec les jarrets et les entrailles.

10 Vous n'en laisserez rien pour le matin ; ce qui en serait resté jusqu'au matin, consumez-le par le feu.

11 Et voici comme vous le mangerez : la ceinture aux reins, la chaussure aux pieds, le bâton a la main ; et vous le mangerez à la hâte, c'est la pâque en l'honneur de l'Éternel.

12 Je parcourrai le pays d'Égypte, cette même nuit ; je frapperai tout premier-né dans le pays d'Égypte, depuis l'homme jusqu'à la bête et je ferai justice de toutes les divinités de l'Égypte, moi l'Éternel !

13 Le sang, dont seront teintes les maisons où vous habitez, vous servira de signe : je reconnaîtrai ce sang et je vous épargnerai et le fléau n'aura pas prise sur vous lorsque je sévirai sur le pays d'Égypte.

14 Ce jour sera pour vous une époque mémorable et vous le solenniserez comme une fête de l'Éternel ; d'âge en âge, à jamais, vous le fêterez.

15 Sept jours durant, vous mangerez des pains azymes ; surtout, le jour précédent, vous ferez disparaître le levain de vos maisons. Car celui-là serait retranché d'Israël, qui mangerait du pain levé, depuis le premier jour jusqu'au septième.

16 Le premier jour vous aurez une convocation sainte et le septième jour encore une sainte convocation. Aucun travail ne pourra être fait ces jours-là ; toutefois, ce qui sert à la nourriture de chacun, cela seul vous pourrez le faire.

17 Conservez la fête des Azymes, car c'est en ce même jour que j'aurai fait sortir vos légions du pays d'Égypte ; conservez

ce jour-là dans vos générations, comme une institution perpétuelle.

18 Le premier mois, le quatorzième jour du mois, au soir, vous mangerez des azymes, jusqu'au vingt-et-unième jour du mois au soir.

19 Durant sept jours, qu'il ne soit point trouvé de levain dans vos maisons ; car quiconque mangera une substance levée, celui-là sera retranché de la communion d'Israël, le prosélyte comme l'indigène.

20 Vous ne mangerez d'aucune pâte levée ; dans toutes vos demeures vous consommerez des pains azymes."

21 Moïse convoqua tous les anciens d'Israël et leur dit : "Choisissez et prenez chacun du menu bétail pour vos familles et égorgez la victime pascale.

22 Puis vous prendrez une poignée d'hysope, vous la tremperez dans le sang reçu dans un bassin et vous teindrez le linteau et les deux poteaux de ce sang du bassin. Que pas un d'entre vous ne franchisse alors le seuil de sa demeure, jusqu'au matin.

23 Lorsque le Seigneur s'avancera pour frapper l'Égypte, il regardera le sang appliqué au linteau et aux deux poteaux et il passera devant la porte et il ne permettra pas au fléau d'entrer dans vos maisons pour sévir.

24 Vous garderez cette loi, comme une règle invariable pour toi et pour tes enfants.

25 Et lorsque vous serez arrivés dans le pays que le Seigneur vous donnera, comme il l'a promis, vous conserverez ce rite.

26 Alors, quand vos enfants vous demanderont : 'Que signifie pour vous ce rite ?'

27 vous répondrez : 'C'est le sacrifice de la pâque en l'honneur de l'Éternel, qui épargna les demeures des Israélites en

Égypte, alors qu'il frappa les Égyptiens et voulut préserver nos familles.' " Et le peuple s'inclina et tous se prosternèrent.

28 Les enfants d'Israël se mirent en devoir d'obéir : comme l'Éternel avait ordonné à Moïse et à Aaron, ainsi firent-ils.

29 Or, au milieu de la nuit, le Seigneur fit périr tout premier-né dans le pays d'Égypte, depuis le premier-né de Pharaon, héritier de son trône, jusqu'au premier-né du captif au fond de la geôle et tous les premiers nés des animaux.

30 Pharaon se leva de nuit, ainsi que tous ses serviteurs et tous les Égyptiens et ce fut une clameur immense dans l'Égypte : car il n'y avait point de maison qui ne renfermât un mort.

31 Il manda Moïse et Aaron, la nuit même et dit : "Allez ! Partez du milieu de mon peuple et vous et les enfants d'Israël ! Allez adorer l'Éternel comme vous avez dit !

32 Prenez votre menu et votre gros bétail comme vous avez dit et partez ! Mais, en retour, bénissez-moi."

33 Les Égyptiens firent violence au peuple, en se hâtant de le repousser du pays ; car ils disaient : "Nous périssons tous."

34 Et le peuple emporta sa pâte non encore levée, leurs sébiles sur l'épaule, enveloppées dans leurs manteaux.

35 Les enfants d'Israël s'étaient conformés à la parole de Moïse, en demandant aux Égyptiens des vases d'argent, des vases d'or et des vêtements

36 et le Seigneur avait inspiré pour ce peuple de la bienveillance aux Égyptiens, qui lui prêtèrent, de sorte qu'il dépouilla les Égyptiens.

37 Les enfants d'Israël partirent de Ramsès, dans la direction de Soukkoth ; environ six cent mille voyageurs, hommes faits, sans compter les enfants.

38 De plus, une tourbe nombreuse les avait suivis, ainsi que du menu et du gros bétail en troupeaux très considérables.

39 Ils firent, de la pâte qu'ils avaient emportée d'Égypte, des gâteaux azymes, car elle n'avait pas fermenté ; parce que, repoussés de l'Égypte, ils n'avaient pu attendre et ne s'étaient pas munis d'autres provisions.

40 Or, le séjour des Israélites, depuis qu'ils s'établirent dans l'Égypte, avait été de quatre cent trente ans.

41 Et ce fut au bout de quatre cent trente ans, précisément le même jour, que toutes les milices du Seigneur sortirent du pays d'Égypte.

42 C'était la Nuit prédestinée par l'Éternel, pour leur sortie du pays d'Égypte ; c'est cette même nuit instituée par le Seigneur, comme prédestinée à toutes les générations des enfants d'Israël.

43 L'Éternel dit à Moïse et à Aaron : "Ceci est la règle de l'agneau pascal. Nul étranger n'en mangera.

44 Quant à l'esclave acheté à prix d'argent, circoncis-le, alors il pourra en manger.

45 L'habitant et le mercenaire étrangers n'en mangeront point.

46 Il sera consommé dans une même maison, tu ne transporteras rien de sa chair au dehors et vous n'en romprez pas un seul os.

47 Toute la communauté d'Israël doit y prendre part.

48 Si un étranger, habite avec toi et veut célébrer la pâque du Seigneur, que tout mâle qui lui appartient soit circoncis, il sera alors admis à la célébrer et deviendra l'égal de l'indigène ; mais nul incirconcis n'en mangera.

49 Une seule et même loi régira l'indigène et l'étranger demeurant au milieu de vous."

50 Tous les Israélites obéirent : comme l'Éternel l'avait prescrit à Moïse et à Aaron, ainsi firent-ils.

51 Or, ce fut ce jour-là même que l' Éternel fit sortir les Israélites du pays d'Égypte, selon leurs légions.

CHAPITRE TREIZE

L'Éternel parla à Moïse en ces termes :

2 "Consacre-moi tout premier-né, toutes prémices des entrailles parmi les enfants d'Israël, soit homme, soit animal : c'est mon bien."

3 Et Moïse dit au peuple : "Qu'on se souvienne de ce jour où vous êtes sortis de l'Égypte, de la maison de servitude, alors que, par la puissance de son bras, l'Éternel vous a fait sortir d'ici et que l'on ne mange point de pain levé.

4 Et Moïse dit au peuple : "Qu'on se souvienne de ce jour où vous êtes sortis de l'Égypte, de la maison de servitude, alors que, par la puissance de son bras, l'Éternel vous a fait sortir d'ici et que l'on ne mange point de pain levé.

5 Donc, lorsque l'Éternel t'aura fait entrer dans le pays du Cananéen, du Héthéen, de l'Amorréen, du Hévéen et du Jébuséen, pays qu'il a juré à tes pères de te donner, pays ruisselant de lait et de miel, tu célébreras cette cérémonie dans ce même mois,

6 Sept jours durant, tu te nourriras d'azymes ; le septième jour, fête en l'honneur de l'Éternel.

7 On se nourrira de pains azymes durant ces sept jours ; et l'on ne doit voir chez toi ni pain levé, ni levain, dans toutes tes possessions.

8 Tu donneras alors cette explication à ton fils : 'C'est dans cette vue que l'Éternel a agi en ma faveur, quand je sortis de l'Égypte.'

9 Et tu porteras comme symbole sur ton bras et comme mémorial entre tes yeux afin que la doctrine du Seigneur reste dans ta bouche, que d'un bras puissant, l'Éternel t'a fait sortir de l'Égypte.

10 Tu observeras cette institution en son temps, à chaque anniversaire,

11 "Lorsque l'Éternel t'aura introduit dans le pays du Cananéen, selon ce qu'il a juré à toi et à tes pères et qu'il te l'aura livré,

12 tu céderas à l'Éternel toutes prémices des entrailles : tout premier-né des animaux qui t'appartiendront, s'il est mâle, sera à l'Éternel.

13 Le premier-né d'un âne, tu le rachèteras par un agneau, sinon tu lui briseras la nuque et le premier-né de l'homme, si c'est un de tes fils, tu le rachèteras.

14 Et lorsque ton fils, un jour, te questionnera en disant : "Qu'est-ce que cela ?" tu lui répondras : "D'une main toute puissante, l'Éternel nous a fait sortir d'Égypte, d'une maison d'esclavage.

15 En effet, comme Pharaon faisait difficulté de nous laisser partir, l'Éternel fit mourir tous les premiers-nés du pays d'Égypte, depuis le premier-né de l'homme jusqu'à celui de

l'animal. C'est pourquoi j'immole au Seigneur tout premier-né mâle et tout premier-né de mes fils je dois le racheter.

16 Et il sera écrit comme symbole sur ton bras et comme fronteau entre tes yeux, que d'une main puissante l'Éternel nous a fait sortir de l'Égypte."

17 Or, lorsque Pharaon eut laissé partir le peuple, Dieu ne les dirigea point par le pays des Philistins, lequel est rapproché parce que Dieu disait : "Le peuple pourrait se raviser à la vue de la guerre et retourner en Égypte."

18 Dieu fit donc dévier le peuple du côté du désert, vers la mer des Joncs et les enfants d'Israël partirent en bon ordre du pays d'Égypte.

19 Moïse emporta en même temps les ossements de Joseph car celui-ci avait formellement adjuré les enfants d'Israël, en disant : "Dieu ne manquera pas de vous visiter et alors vous emporterez mes os de ce pays."

20 Ils décampèrent de Soukkoth et vinrent camper à Ètham, à l'extrémité du désert.

21 L'Éternel les guidait, le jour, par une colonne de nuée qui leur indiquait le chemin, la nuit, par une colonne de feu destinée à les éclairer, afin qu'ils pussent marcher jour et nuit.

22 La colonne de nuée, le jour et la colonne de feu, la nuit, ne cessaient de précéder le peuple.

CHAPITRE QUATORZE

L'Éternel parla ainsi à Moïse :

2 "Dis aux enfants d'Israël de remonter et de camper en face de Pi-Hahiroth, entre Migdol et la mer ; devant Baal-Cefôn, à l'opposite, vous camperez au bord de la mer.

3 Pharaon se dira que les enfants d'Israël sont égarés dans ce pays ; que le désert les emprisonne.

4 Et je raffermirai le cœur de Pharaon et il les poursuivra ; puis j'accablerai de ma puissance Pharaon avec toute son armée et les Égyptiens apprendront que je suis l'Éternel." Ils obéirent.

5 On rapporta au roi d'Égypte que le peuple s'enfuyait. Alors les dispositions de Pharaon et de ses serviteurs changèrent à l'égard de ce peuple et ils dirent : "Qu'avons-nous fait là, d'affranchir les Israélites de notre sujétion !"

6 Il fit atteler son char, emmena avec lui son peuple,

7 prit six cents chars d'élite et tous les chariots d'Égypte, tous couverts de guerriers.

8 L'Éternel fortifia le cœur de Pharaon, roi d'Égypte, qui se mit à la poursuite des enfants d'Israël. Cependant les Israélites s'avançaient triomphants.

9 Les Égyptiens qui les poursuivaient les rencontrèrent, campés sur le rivage ; tous les attelages de Pharaon, ses cavaliers, son armée, les joignirent près de Pi-Hahiroth, devant Baal-Cefôn.

10 Comme Pharaon approchait, les enfants d'Israël levèrent les yeux et voici que l'Égyptien était à leur poursuite ; remplis d'effroi, les Israélites jetèrent des cris vers l'Éternel.

11 Et ils dirent à Moïse : "Est-ce faute de trouver des sépulcres en Égypte que tu nous as conduits mourir dans le désert ? Quel bien nous as-tu fait, en nous tirant de l'Égypte ?

12 N'est-ce pas ainsi que nous te parlions en Égypte, disant : 'Laisse-nous servir les Égyptiens ?' De fait, mieux valait pour nous être esclaves des Égyptiens, que de périr dans le désert."

13 Moïse répondit au peuple : "Soyez sans crainte ! Attendez, et vous serez témoins de l'assistance que l'Éternel vous procurera en ce jour ! Certes, si vous avez vu les Égyptiens aujourd'hui, vous ne les reverrez plus jamais.

14 L'Éternel combattra pour vous ; et vous, tenez-vous tranquilles !"

15 L'Éternel dit à Moïse : "Pourquoi m'implores-tu ? Ordonne aux enfants d'Israël de se mettre en marche.

16 Et toi, lève ta verge, dirige ta main vers la mer et divise la ; et les enfants d'Israël entreront au milieu de la mer à pied sec."

17 De mon côté, je vais affirmer le cœur des Égyptiens pour qu'ils y entrent après eux ; et alors j'accablerai Pharaon et son armée entière, ses chars et sa cavalerie.

18 Les Égyptiens reconnaîtront que je suis l'Éternel, quand j'accablerai Pharaon, ses chars et ses cavaliers."

19 Le messager de Dieu, qui marchait en avant du camp d'Israël, passa derrière eux, la colonne nébuleuse cessa d'être à leur tête et se fixa en arrière."

20 Elle passa ainsi entre le camp égyptien et celui des Israélites : pour les uns il y eut nuée et ténèbres, pour les autres la nuit fut éclairée ; et, de toute la nuit, les uns n'approchèrent point des autres.

21 Moïse étendit sa main sur la mer et l'Éternel fit reculer la mer, toute la nuit, par un vent d'est impétueux et il mit la mer à sec et les eaux furent divisées.

22 Les enfants d'Israël entrèrent au milieu de la mer, dans son lit desséché, les eaux se dressant en muraille à leur droite et à leur gauche.

23 Les Égyptiens les poursuivirent et tous les chevaux de Pharaon, ses chariots, ses cavaliers, entrèrent à leur suite au milieu de la mer.

24 Or, à la dernière veille, l'Éternel fit peser sur l'armée égyptienne une colonne de feu et une nuée et jeta la perturbation dans l'armée égyptienne

25 et il détacha les roues de ses chars, les faisant ainsi avancer pesamment. Alors l'Égyptien s'écria : "Fuyons devant Israël, car l'Éternel combat pour eux contre l'Égypte !"

26 Le Seigneur dit à Moïse : "Étends ta main sur la mer et les eaux rebrousseront sur l'Égyptien, sur ses chars et sur ses cavaliers."

27 Moïse étendit sa main sur la mer et la mer, aux approches du matin, reprit son niveau comme les Égyptiens s'élançaient en avant ; et le Seigneur précipita les Égyptiens au sein de la mer.

28 Les eaux, en refluant, submergèrent chariots, cavalerie, toute l'armée de Pharaon qui était entrée à leur suite dans la mer ; pas un d'entre eux n'échappa.

29 Pour les enfants d'Israël, ils s'étaient avancés à pied sec au milieu de la mer, ayant les eaux, comme un mur, à leur droite et à leur gauche.

30 L'Éternel, en ce jour, sauva Israël de la main de l'Égypte ; Israël vit l'Égyptien gisant sur le rivage de la mer.

31 Israël reconnut alors la haute puissance que le Seigneur avait déployée sur l'Égypte et le peuple révéra le Seigneur ; et ils eurent foi en l'Éternel et en Moïse, son serviteur.

CHAPITRE QUINZE

Alors Moïse et les enfants d'Israël chantèrent l'hymne suivant à l'Éternel. Ils dirent : "Chantons l'Éternel, il est souverainement grand ; coursier et cavalier, il les a lancés dans la mer.

2 Il est ma force et ma gloire, l'Éternel ! Je lui dois mon salut. Voilà mon Dieu, je lui rends hommage ; le Dieu de mon père et je le glorifie.

3 L'Éternel est le maître des batailles ; Éternel est son nom !

4 Les chars de Pharaon et son armée, il les a précipités dans la mer ; l'élite de ses combattants se sont noyés dans la mer des Joncs.

5 L'abîme s'est fermé sur eux ; au fond du gouffre ils sont tombés comme une pierre.

6 Ta droite, Seigneur, est insigne par la puissance ; Ta droite, Seigneur, écrase l'ennemi.

7 Par ta souveraine majesté tu renversas tes adversaires ; tu déchaînes ton courroux. Il les consume comme du chaume.

8 Au souffle de ta face les eaux s'amoncellent, les ondes se dressent comme une digue, les flots se figent au sein de la mer.

9 Il disait, l'ennemi : 'Courons, atteignons ! Partageons le butin ! Que mon âme s'en repaisse !" Tirons l'épée, que ma main les extermine !...'

10 Toi, tu as soufflé, l'océan les a engloutis ; ils se sont abîmés comme le plomb au sein des eaux puissantes.

11 Qui t'égale parmi les forts, Éternel ? Qui est, comme toi, paré de sainteté ; inaccessible à la louange, fécond en merveilles ?

12 Tu as étendu ta droite, la terre les dévore.

13 Tu guides, par ta grâce, ce peuple que tu viens d'affranchir ; tu le diriges, par ta puissance, vers ta sainte demeure.

14 A cette nouvelle, les peuples s'inquiètent, un frisson s'empare des habitants de la Philistée.

15 A leur tour ils tremblent, les chefs d'Édom ; les vaillants de Moab sont saisis de terreur, consternés, tous les habitants de Canaan.

16 Sur eux pèse l'anxiété, l'épouvante ; la majesté de ton bras les rend immobiles comme la pierre, jusqu'à ce qu'il ait passé, ton peuple, Seigneur ! Qu'il ait passé, ce peuple acquis par toi ;

17 Que tu les aies amenés, fixés, sur ce mont, ton domaine, résidence que tu t'es réservée, Seigneur ! Sanctuaire, ô mon Dieu ! Préparé par tes mains.

18 L'Éternel régnera à tout jamais !"

19 Car, les chevaux de Pharaon, chars et cavalerie, s'étant avancés dans la mer, l'Éternel en avait refoulé les eaux sur eux, tandis que les enfants d'Israël marchaient à pied sec au milieu de la mer.

20 Miryam, la prophétesse, sœur d'Aaron, prit en main un tambourin et toutes les femmes la suivirent avec des tambourins et des instruments de danse.

21 Et Miryam leur fit répéter : "Chantez l'Éternel, il est souverainement grand ; coursier et cavalier, il les a lancés dans la mer…"

22 Moïse fit décamper Israël de la plage des joncs et ils débouchèrent dans le désert de Chour, où ils marchèrent trois jours sans trouver d'eau.

23 Ils arrivèrent à Mara. Or, ils ne purent boire l'eau de Mara, elle était trop amère ; c'est pourquoi on nomma ce lieu Mara.

24 Le peuple murmura contre Moïse, disant : "Que boirons-nous ?"

25 Moïse implora le Seigneur ; celui-ci lui indiqua un bois, qu'il jeta dans l'eau et l'eau devint potable. C'est alors qu'il lui imposa un principe et une loi, c'est alors qu'il le mit à l'épreuve

26 et il dit : "Si tu écoutes la voix de l'Éternel ton Dieu ; si tu t'appliques à lui plaire ; si tu-es docile à ses préceptes et fidèle à toutes ses lois, aucune des plaies dont j'ai frappé, l'Égypte ne t'atteindra, car moi, l'Éternel, je te préserverai."

27 Ils arrivèrent à Élim, là étaient douze sources d'eau et soixante-dix palmiers. Ils y campèrent près des eaux.

CHAPITRE SEIZE

Puis ils partirent d'Élim et arrivèrent, toute la communauté des enfants d'Israël, au désert de Sin, qui s'étend entre Elim et Sinaï ; c'était le quinzième jour du deuxième mois après leur sortie du pays d'Égypte.

2 Toute la communauté des enfants d'Israël murmura contre Moïse et Aaron, dans ce désert

3 et les enfants d'Israël leur dirent : "Que ne sommes-nous morts de la main du Seigneur, dans le pays d'Égypte, assis près des marmites de viande et nous rassasiant de pain, tandis que vous nous avez amenés dans ce désert, pour faire mourir de faim tout ce peuple !"

4 L'Éternel dit à Moïse : "Je vais faire pleuvoir pour vous une nourriture céleste, le peuple ira en ramasser chaque jour sa provision et j'éprouverai de la sorte s'il obéit à ma doctrine ou non.

5 Le sixième jour, lorsqu'ils accommoderont ce qu'ils auront apporté, il se trouvera le double de leur récolte de chaque jour."

6 Moïse et Aaron dirent à tous les enfants d'Israël : "Ce soir,

vous reconnaîtrez que c'est l'Éternel qui vous a fait sortir du pays d'Égypte

7 et demain, vous serez témoins de la gloire du Seigneur, lorsqu'il fera droit à vos murmures contre lui. Mais nous, que sommes nous, pour être l'objet de vos murmures ?

8 Vous le verrez, ajouta Moïse, lorsque Dieu vous donnera, ce soir, de la viande pour vous nourrir et demain, du pain pour vous rassasier, accueillant ainsi les murmures que vous proférez contre lui, car que sommes-nous ? ce n'est pas nous qu'atteignent vos murmures, c'est l'Éternel !"

9 Moïse dit à Aaron : "Dis à toute la communauté des enfants d'Israël : 'Approchez-vous de l'Éternel, car il a entendu vos murmures.' "

10 Comme Aaron parlait ainsi à toute la communauté des enfants d'Israël, ils se tournèrent du côté du désert et voici que la majesté divine apparut dans le nuage.

11 L'Éternel parla ainsi à Moïse :

12 "J'ai entendu les murmures des Israélites. Parle-leur en ces termes : 'Vers le soir vous mangerez de la viande, au matin vous vous rassasierez de pain et vous reconnaîtrez que moi, l'Éternel, je suis votre Dieu.' "

13 En effet, le soir, les cailles arrivèrent et couvrirent le camp et le matin, une couche de rosée s'étendait autour du camp.

14 Cette couche de rosée ayant disparu, on vit sur le sol du désert quelque chose de menu, de floconneux, fin comme le givre sur la terre.

15 A cette vue, les enfants d'Israël se dirent les uns aux autres : "Qu'est ceci ?" car ils ne savaient ce que c'était. Et Moïse leur dit : "C'est là le pain que l'Éternel vous donne pour nourriture.

16 Voici ce qu'a prescrit l'Éternel : Recueillez-en chacun selon ses besoins : un ômer par tête ; autant chacun a de personnes dans sa tente, autant vous en prendrez."

17 Ainsi firent les enfants d'Israël : ils en ramassèrent, l'un plus, l'autre moins."

18 Puis ils mesurèrent à l'étrier. Or, celui qui en avait beaucoup pris n'en avait pas de trop, celui qui en avait peu n'en avait pas faute, chacun avait recueilli à proportion de ses besoins.

19 Moïse leur dit : "Que nul n'en réserve pour le lendemain."

20 N'écoutant point Moïse, quelques-uns gardèrent de leur provision pour le lendemain, mais elle fourmilla de vers et se gâta. Et Moïse s'irrita contre eux.

21 Ils recueillirent cette substance tous les matins, chacun en raison de sa consommation ; lorsque le soleil l'échauffait, elle fondait.

22 Mais il advint, au sixième jour, qu'ils recueillirent une provision double, deux ômer par personne ; tous les phylarques de la communauté vinrent l'annoncer à Moïse.

23 Il leur répondit : "C'est ce qu'a dit le Seigneur : Demain est le sabbat solennel, le saint chômage en l'honneur de l'Éternel ! Ce que vous avez à cuire, cuisez-le, à faire bouillir, faites-le bouillir aujourd'hui et toute la provision restante, gardez-la en réserve pour demain."

24 Ils la réservèrent pour le lendemain, comme l'avait ordonné Moïse et elle ne se gâta point et il ne s'y mit point de vers.

25 Moïse dit : "Mangez-la aujourd'hui, car c'est aujourd'hui sabbat en l'honneur de l'Éternel, aujourd'hui vous n'en trouveriez point aux champs.

26 Six jours de suite vous en recueillerez ; mais le septième jour, jour de chômage, il n'y en aura point."

27 Or, le septième jour, quelques-uns du peuple allèrent à la récolte, mais ils ne trouvèrent rien.

28 L'Éternel dit à Moïse : "Jusqu'à quand vous refuserez-vous à garder mes préceptes et mes enseignements ?

29 Considérez que l'Éternel vous a gratifiés du sabbat ! c'est pourquoi il vous donne, au sixième jour, la provision de deux jours. Que chacun demeure où il est, que nul ne sorte de son habitation le septième jour."

30 Et le peuple chôma le septième jour.

31 La maison d'Israël donna à cette substance le nom de manne. Elle ressemblait à de la graine de coriandre, était blanche et avait la saveur d'un beignet au miel.

32 Moïse dit : "Voici ce qu'a ordonné le Seigneur : 'Qu'un ômer plein de cette manne reste en dépôt pour vos générations, afin qu'elles connaissent le pain dont je vous ai nourris dans le désert, lorsque je vous ai fait sortir du pays d'Égypte.' "

33 Moïse dit à Aaron : "Prends une urne et y dépose un plein ômer de manne et place-la devant l'Éternel, comme souvenir pour vos générations."

34 Ainsi que l'Éternel l'avait prescrit à Moïse, Aaron la déposa devant l'arche du Statut, comme souvenir.

35 Les enfants d'Israël mangèrent de la manne quarante ans, jusqu'à leur arrivée en pays habité ; cette manne, ils en mangèrent jusqu'à leur arrivée aux confins du pays de Canaan.

36 Quant à l'ômer, c'est la dixième partie de l'êpha.

CHAPITRE DIX-SEPT

Toute la communauté des enfants d'Israël partit du désert de Sîn pour diverses stations, sur l'ordre du Seigneur. Ils campèrent à Refidîm, où il n'y avait point d'eau à boire pour le peuple.

2 Le peuple querella Moïse, en disant : "Donnez-nous de l'eau, que nous buvions !" Moïse leur répondit : "Pourquoi me cherchez-vous querelle ? pourquoi tentez-vous le Seigneur ?"

3 Le peuple querella Moïse, en disant : "Donnez-nous de l'eau, que nous buvions !" Moïse leur répondit : "Pourquoi me cherchez-vous querelle ? pourquoi tentez-vous le Seigneur ?"

4 Moïse se plaignit au Seigneur, en disant : "Que ferai-je pour ce peuple ? Peu s'en faut qu'ils ne me lapident"

5 Le Seigneur répondit à Moïse : "Avanc-toi à la tête du peuple, accompagné de quelques-uns des anciens d'Israël ; cette verge, dont tu as frappé le fleuve, prends-la en main et marche.

6 Je vais t'apparaître là-bas sur le rocher, au mont Horeb ; tu

frapperas ce rocher et il en jaillira de l'eau et le peuple boira." Ainsi fit Moïse, à la vue des anciens d'Israël.

7 On appela ce lieu Massa et Meriba, à cause de la querelle des enfants d'Israël et parce qu'ils avaient tenté l'Éternel en disant : "Nous verrons si l'Éternel est avec nous ou non !"

8 Amalec survint et attaqua Israël à Refidim.

9 Moïse dit à Josué : "Choisis des hommes et va livrer bataille à Amalec ; demain, je me tiendrai au sommet de cette colline, la verge divine à la main."

10 Josué exécuta ce que lui avait dit Moïse, en livrant bataille à Amalec, tandis que Moïse, Aaron et Hour montèrent au haut de la colline.

11 Or, tant que Moïse tenait son bras levé, Israël avait le dessus ; lorsqu'il le laissait fléchir, c'est Amalec qui l'emportait.

12 Les bras de Moïse s'appesantissant, ils prirent une pierre qu'ils mirent sous lui et il s'assit dessus ; Aaron et Hour soutinrent ses bras, l'un de çà, l'autre de là et ses bras restèrent fermes jusqu'au coucher du soleil.

13 Josué triompha d'Amalec et de son peuple, à la pointe de l'épée.

14 L'Éternel dit à Moïse : "Consigne ceci, comme souvenir, dans le Livre et inculque-le à Josué : 'que je veux effacer la trace d'Amalec de dessous les cieux.' "

15 Moïse érigea un autel, qu'il nomma : "Dieu est ma bannière."

16 Et il dit : "Puisque sa main s'attaque au trône de l'Éternel, guerre à Amalec de par l'Éternel, de siècle en siècle !"

CHAPITRE DIX-HUIT

Jéthro, prêtre de Madian, beau père de Moïse, apprit tout ce que Dieu avait fait pour Moïse et pour Israël son peuple, lorsque l'Éternel avait fait sortir Israël de l'Égypte.

2 Alors Jéthro, beau-père de Moïse, emmena Séphora, épouse de Moïse, qui la lui avait renvoyée.

3 Il emmena aussi ses deux fils, l'un nommé Gersom, "car, avait-il dit, je suis un émigré sur une terre étrangère" ;

4 l'autre nommé Eliézer, "parce que le Dieu de mon père m'est venu en aide et m'a sauvé du glaive de Pharaon."

5 Jéthro, beau-père de Moïse, vint, avec les fils et la femme de celui-ci, trouver Moïse au désert où il campait, près de la montagne du Seigneur.

6 Il fit dire à Moïse : "Moi ton beau-père, Jéthro, je viens à toi avec ta femme accompagnée de ses deux fils."

7 Moïse alla au-devant de son beau-père ; il se prosterna, il

l'embrassa et ils s'informèrent mutuellement de leur bien-être puis ils entrèrent dans la tente.

8 Moïse conta à son beau père tout ce que l'Éternel avait fait à Pharaon et à l'Égypte à cause d'Israël ; toutes les tribulations qu'ils avaient essuyées dans le voyage et comment le Seigneur les avait protégés.

9 Jéthro se réjouit de tout le bien que l'Éternel avait fait à Israël, en le sauvant de la main des Égyptiens

10 et il dit : "Loué soit l'Éternel, qui vous a sauvés de la main des Égyptiens et de celle de Pharaon, qui a soustrait ce peuple à la main des Égyptiens !

11 Je reconnais, à cette heure, que l'Éternel est plus grand que tous les dieux, puisqu'il a été dans cette circonstance où l'on avait agi tyranniquement à leur égard."

12 Jéthro, beau-père de Moïse, offrit holocauste et d'autres sacrifices à Dieu ; et Aaron et tous les anciens d'Israël vinrent partager le repas du beau-père de Moïse, en présence de Dieu.

13 Le lendemain, Moïse s'assit pour rendre la justice au peuple et le peuple se tint debout autour de Moïse, du matin jusqu'au soir.

14 Le beau-père de Moïse, voyant comme il procédait à l'égard du peuple, lui dit : "Que signifie ta façon d'agir envers ce peuple ? Pourquoi sièges-tu seul et tout le peuple stationne t-il autour de toi du matin au soir ?"

15 Moïse répondit à son beau-père : "C'est que le peuple vient à moi pour consulter le Seigneur.

16 Lorsqu'ils ont une affaire, elle m'est soumise ; alors je prononce entre les parties et je fais connaître les décrets du Seigneur et ses instructions."

17 Le beau-père de Moïse lui répliqua : "Le procédé que tu emploies n'est pas bon.

18 Tu succomberas certainement et toi-même et ce peuple qui t'entoure ; car la tâche est trop lourde pour toi, tu ne saurais l'accomplir seul.

19 Or, écoute ma voix, ce que je veux te conseiller et que Dieu te soit en aide ! Représente, toi seul, le peuple vis-à-vis de Dieu, en exposant les litiges au Seigneur ;

20 notifie-leur également les lois et les doctrines, instruis-les de la voie qu'ils ont à suivre et de la conduite qu'ils doivent tenir.

21 Mais, de ton côté, choisis entre tout le peuple des hommes éminents, craignant Dieu, amis de la vérité, ennemis du lucre et place-les à leur tête comme chiliarques, centurions, cinquanteniers et décurions.

22 Ils jugeront le peuple en permanence ; et alors, toute affaire grave ils te la soumettront, tandis qu'ils décideront eux-mêmes les questions peu importantes. Ils te soulageront ainsi en partageant ton fardeau.

23 Si tu adoptes cette conduite, Dieu te donnera ses ordres et tu pourras suffire à l'œuvre ; et de son côté, tout ce peuple se rendra tranquillement où il doit se rendre."

24 Moïse écouta l'avis de son beau-père et effectua tout ce qu'il avait dit.

25 Il choisit des hommes de mérite entre tout Israël et les créa magistrats du peuple : chiliarques, centurions, cinquanteniers et décurions.

26 Ils jugeaient le peuple en permanence ; les cas difficiles, ils les rapportaient à Moïse et les causes simples, ils les décidaient eux-mêmes.

27 Moïse reconduisit son beau-père, qui s'en retourna dans son pays.

CHAPITRE DIX-NEUF

A la troisième néoménie depuis le départ des Israélites du pays d'Égypte, le jour même, ils arrivèrent au désert de Sinaï.

2 Partis de Refidim, ils entrèrent dans le désert de Sinaï et y campèrent, Israël y campa en face de la montagne.

3 Pour Moïse, il monta vers le Seigneur et le Seigneur, l'appelant du haut de la montagne, lui dit : "Adresse ce discours à la maison de Jacob, cette déclaration aux enfants d'Israël :

4 'Vous avez vu ce que j'ai fait aux Égyptiens ; vous, je vous ai portés sur l'aile des aigles, je vous ai rapprochés de moi.

5 Désormais, si vous êtes dociles à ma voix, si vous gardez mon alliance, vous serez mon trésor entre tous les peuples ! Car toute la terre est à moi,

6 mais vous, vous serez pour moi une dynastie de pontifes et une nation sainte.' Tel est le langage que tu tiendras aux enfants d'Israël."

7 Moïse, de retour, convoqua les anciens du peuple et leur

transmit toutes ces paroles comme le Seigneur le lui avait prescrit.

8 Le peuple entier répondit d'une voix unanime : "Tout ce qu'a dit l'Éternel, nous le ferons !" Et Moïse rapporta les paroles du peuple au Seigneur.

9 L'Éternel dit à Moïse : "Voici, moi-même je t'apparaîtrai au plus épais du nuage, afin que le peuple entende que c'est moi qui te parle et qu'en toi aussi ils aient foi constamment." Alors Moïse redit à l'Éternel les paroles du peuple.

10 Et l'Éternel dit à Moïse : "Rends-toi près du peuple, enjoins-leur de se tenir purs aujourd'hui et demain et de laver leurs vêtements,

11 afin d'être prêts pour le troisième jour ; car, le troisième jour, le Seigneur descendra, à la vue du peuple entier, sur le mont Sinaï.

12 Tu maintiendras le peuple tout autour, en disant : 'Gardez-vous de gravir cette montagne et même d'en toucher le pied, quiconque toucherait à la montagne serait mis à mort.

13 On ne doit pas porter la main sur lui, mais le lapider ou le percer de flèches ; homme ou bête, il cesserait de vivre. Mais aux derniers sons du cor, ceux-ci monteront sur la montagne'".

14 Moïse descendit de la montagne vers le peuple, lui enjoignit la pureté et ils lavèrent leurs vêtements.

15 Il dit au peuple : "Tenez-vous prêts pour le troisième jour ; n'approchez point d'une femme."

16 Or, au troisième jour, le matin venu, il y eut des tonnerres et des éclairs et une nuée épaisse sur la montagne et un son de cor très intense. Tout le peuple frissonna dans le camp.

17 Moïse fit sortir le peuple du camp au-devant de la Divinité et ils s'arrêtèrent au pied de la montagne.

18 Or, la montagne de Sinaï était toute fumante, parce que le Seigneur y était descendu au sein de la flamme ; sa fumée montait comme la fumée d'une fournaise et la montagne entière tremblait violemment.

19 Le son du cor allait redoublant d'intensité ; Moïse parlait et la voix divine lui répondait."

20 Le Seigneur, étant descendu sur le mont Sinaï, sur la cime de cette montagne, y appela Moïse ; Moïse monta,

21 et le Seigneur lui dit : "Descends avertir le peuple : ils pourraient se précipiter vers le Seigneur pour contempler sa gloire et beaucoup d'entre eux périraient.

22 Que les pontifes aussi, plus rapprochés du Seigneur, s'observent religieusement ; autrement il pourrait sévir parmi eux."

23 Moïse répondit au Seigneur : "Le peuple ne saurait monter sur le mont Sinaï, puisque tu nous as avertis par ces paroles : 'Défends la montagne et déclare-la sainte !'"

24 Le Seigneur lui repartit : "Descends, dis-je, puis tu remonteras accompagné d'Aaron. Mais que les pontifes et le peuple ne s'aventurent pas à monter vers le Seigneur, il pourrait sévir contre eux."

25 Moïse redescendit vers le peuple et lui en fit part.

CHAPITRE VINGT

Alors Dieu prononça toutes ces paroles, savoir :
2 (1) "Je suis l'Éternel, ton Dieu, qui t'ai fait sortir du pays d'Égypte, d'une maison d'esclavage. (2) "Tu n'auras point d'autre dieu que moi.

3 Tu ne te feras point d'idole, ni une image quelconque de ce qui est en haut dans le ciel, ou en bas sur la terre, ou dans les eaux au-dessous de la terre.

4 Tu ne te prosterneras point devant elles, tu ne les adoreras point ; car moi, l'Éternel, ton Dieu, je suis un Dieu jaloux, qui poursuis le crime des pères sur les enfants jusqu'à la troisième et à la quatrième générations, pour ceux qui m'offensent ;

5 et qui étends ma bienveillance à la millième, pour ceux qui m'aiment et gardent mes commandements.

6 (3) "Tu n'invoqueras point le nom de l'Éternel ton Dieu à l'appui du mensonge ; car l'Éternel ne laisse pas impuni celui qui invoque son nom pour le mensonge.

7 (4)"Pense au jour du Sabbat pour le sanctifier.

8 Durant six jours tu travailleras et t'occuperas de toutes tes affaires,

9 mais le septième jour est la trêve de l'Éternel ton Dieu : tu n'y feras aucun travail, toi, ton fils ni ta fille, ton esclave mâle ou femelle, ton bétail, ni l'étranger qui est dans tes murs.

10 Car en six jours l'Éternel a fait le ciel, la terre, la mer et tout ce qu'ils renferment et il s'est reposé le septième jour ; c'est pourquoi l'Éternel a béni le jour du Sabbat et l'a sanctifié.

11 (5)"Honore ton père et ta mère, afin que tes jours se prolongent sur la terre que l'Éternel ton Dieu t'accordera.

12 (6) "Ne commets point d'homicide. (7) "Ne commets point d'adultère. (8) "Ne commets point de larcin. (9) "Ne rends point contre ton prochain un faux témoignage.

13 (10)"Ne convoite pas la maison de ton prochain ; Ne convoite pas la femme de ton prochain, son esclave ni sa servante, son bœuf ni son âne, ni rien de ce qui est à ton prochain."

14 Or, tout le peuple fut témoin de ces tonnerres, de ces feux, de ce bruit de cor, de cette montagne fumante et le peuple à cette vue, trembla et se tint à distance.

15 Et ils dirent à Moïse : "Que ce soit toi qui nous parles et nous pourrons entendre mais que Dieu ne nous parle point, nous pourrions mourir."

16 Moïse répondit au peuple : "Soyez sans crainte ! c'est pour vous mettre à l'épreuve que le Seigneur est intervenu ; c'est pour que sa crainte vous soit toujours présente, afin que vous ne péchiez point."

17 Le peuple resta éloigné, tandis que Moïse s'approcha de la brume où était le Seigneur.

18 L'Éternel dit à Moïse : "Parle ainsi aux enfants d'Israël :

'Vous avez vu, vous-mêmes, que du haut des cieux je vous ai parlé.

19 Ne m'associez aucune divinité ; dieux d'argent, dieux d'or, n'en faites point pour votre usage.'

20 Tu feras pour moi un autel de terre, sur lequel tu sacrifieras tes holocaustes et tes victimes rémunératoires, ton menu et ton gros bétail, en quelque lieu que je fasse invoquer mon nom, je viendrai à toi pour te bénir.

21 Si toutefois tu m'ériges un autel de pierres, ne le construis pas en pierres de taille ; car, en les touchant avec le fer, tu les as rendues profanes.

22 Tu ne dois pas non plus monter sur mon autel à l'aide de degrés, afin que ta nudité ne s'y découvre point.

CHAPITRE VINGT-ET-UN

Et voici les statuts que tu leur exposeras.

2 Si tu achètes un esclave hébreu, il restera six années esclave et à la septième il sera remis en liberté sans rançon.

3 S'il est venu seul, seul il sortira ; s'il était marié, sa femme sortira avec lui.

4 Si son maître lui a donné une femme, laquelle lui ait enfanté des fils ou des filles, la femme, avec les enfants, appartiendra à son maître et lui se retirera seul.

5 Que si l'esclave dit : "J'aime mon maître, ma femme et mes enfants, je ne veux pas être affranchi",

6 son maître l'amènera par-devant le tribunal, on le placera près d'une porte ou d'un poteau ; et son maître lui percera l'oreille avec un poinçon et il le servira indéfiniment.

7 "Si un homme vend sa fille comme esclave, elle ne quittera pas son maître à la façon des esclaves.

8 Si elle lui déplaît et qu'il ne la réserve point à lui-même, il

la laissera s'affranchir ; il n'aura pas pouvoir de la vendre à une famille étrangère, après l'avoir déçue.

9 Que s'il la fiance à son fils, il procédera à son égard selon la règle des filles.

10 S'il lui en adjoint une autre, il ne devra point la frustrer de sa nourriture, de son habillement, ni du droit conjugal.

11 Et s'il ne procède pas à son égard de l'une de ces trois manières, elle se retirera gratuitement, sans rançon.

12 "Celui qui frappe un homme et le fait mourir sera puni de mort.

13 S'il n'y a pas eu guet-apens et que Dieu seul ait conduit sa main, il se réfugiera dans un des endroits que je te désignerai.

14 "Mais si quelqu'un, agissant avec préméditation contre son prochain, le tue de guet-apens, du pied même de mon autel tu le conduiras à la mort.

15 "Celui qui frappera son père ou sa mère sera mis à mort.

16 "Celui qui aura enlevé un homme et l'aura vendu, si on l'a pris sur le fait, sera mis à mort.

17 "Celui qui maudit son père ou sa mère sera puni de mort.

18 "Si des hommes se prennent de querelle et que l'un frappe l'autre d'un coup de pierre ou de poing, sans qu'il en meure, mais qu'il soit forcé de s'aliter,

19 s'il se relève et qu'il puisse sortir appuyé sur son bâton, l'auteur de la blessure sera absous. Toutefois, il paiera le chômage et les frais de la guérison.

20 "Si un homme frappe du bâton son esclave mâle ou femelle et que l'esclave meure sous sa main, il doit être vengé.

21 Si pourtant il survit un jour ou deux, il ne sera pas vengé, parce qu'il est sa propriété.

22 "Si, des hommes ayant une rixe, l'un d'eux heurte une

femme enceinte et la fait avorter sans autre malheur, il sera condamné à l'amende que lui fera infliger l'époux de cette femme et il la paiera à dire d'experts.

23 Mais si un malheur s'ensuit, tu feras payer corps pour corps ;

24 œil pour œil, dent pour dent, main pour main, pied pour pied ;

25 brûlure pour brûlure, plaie pour plaie, contusion pour contusion.

26 "Si un homme blesse l'œil de son esclave ou de sa servante de manière à lui en ôter l'usage, il le renverra libre à cause de son œil

27 et s'il fait tomber une dent à son esclave ou à sa servante, il lui rendra la liberté à cause de sa dent.

28 "Si un bœuf heurte un homme ou une femme et qu'ils en meurent, ce bœuf doit être lapidé et il ne sera point permis d'en manger la chair ; mais le propriétaire du bœuf sera absous.

29 Si ce bœuf était sujet à heurter, déjà antérieurement, que son maître, averti, ne l'ait pas surveillé et qu'il ait fait périr un homme ou une femme, le bœuf sera lapidé et même son maître mérite la mort.

30 Si toutefois une amende lui est imposée, il paiera la rançon de sa vie selon ce qu'on lui aura imposé.

31 Si un bœuf heurte soit un garçon, soit une fille, la même loi lui sera appliquée.

32 Si ce bœuf heurte un esclave ou une esclave, on paiera à leur maître une somme de trente sicles et le bœuf sera lapidé.

33 "Si quelqu'un découvre une citerne, ou si, en ayant creusé une, il ne la couvre point et qu'un bœuf ou un âne y tombe,

34 le propriétaire de la citerne doit payer : il remboursera la valeur au maître et l'animal mort lui restera.

35 "Si le bœuf appartenant à un homme blesse celui d'un autre et le fait périr, on vendra le bœuf vivant ; ils s'en partageront le prix, et partageront aussi le bœuf mort.

36 Mais si, notoirement, ce bœuf a déjà heurté à plusieurs reprises et que son maître ne l'ait pas surveillé, il devra restituer bœuf pour bœuf et le bœuf tué lui restera.

37 Si quelqu'un dérobe un bœuf ou une brebis, puis égorge ou vend l'animal, il donnera cinq pièces de gros bétail en paiement du bœuf, quatre de menu bétail pour la brebis.

CHAPITRE VINGT-DEUX

"Si un voleur est pris sur le fait d'effraction, si on le frappe et qu'il meure, son sang ne sera point vengé.

2 Si le soleil a éclairé son délit, son sang serait vengé. Lui cependant doit réparer ; et s'il ne le peut, il sera vendu pour son vol.

3 Si le corps du délit est trouvé entre ses mains, intact, soit bœuf, soit âne ou brebis, il paiera le double.

4 "Si un homme fourrage un champ ou un vignoble en faisant pâturer son bétail sur les terres d'autrui, il paiera le dégât du meilleur de son champ ou de sa vigne.

5 "Si le feu, en s'étendant, gagne des buissons et dévore une meule de blé, ou la moisson ou le champ d'autrui, l'auteur de l'incendie sera tenu de payer.

6 "Si quelqu'un donne en garde à un autre de l'argent ou des effets et qu'ils disparaissent de la maison de cet homme, si le voleur est découvert, il paiera le double.

7 Si l'on ne trouve point le voleur, le maître de la maison

viendra jurer au tribunal qu'il n'a point porté la main sur la chose d'autrui.

8 Quel que soit l'objet du délit, bœuf, âne, menue bête, vêtement, toute chose perdue qu'on affirme être sienne, la contestation des deux parties sera déférée au tribunal : celui que les juges condamneront paiera le double à l'autre.

9 "Si quelqu'un donne en garde à un autre un âne, ou un bœuf, ou une pièce de menu bétail, un animal quelconque et que celui-ci meure, ou soit estropié ou pris de force, sans que personne l'ait vu,

10 un serment solennel interviendra entre les parties, comme quoi l'accusé n'a point porté atteinte à la chose de son prochain ; le propriétaire acceptera ce serment et l'autre ne paiera point.

11 Mais si la bête lui avait été dérobée, il indemnisera le propriétaire.

12 Si elle avait été mise en pièces, qu'il en produise la preuve ; il ne paiera point pour la bête mise en pièces.

13 "Si quelqu'un emprunte à un autre un animal et que celui-ci soit estropié ou meure, si le propriétaire est absent, l'autre est tenu de payer.

14 Si le propriétaire se trouvait là, il ne paiera point. Si la bête était louée, il l'a eue sous le bénéfice de cette location.

15 "Si un homme séduit une vierge non encore fiancée et cohabite avec elle, il devra l'acquérir pour épouse.

16 Que si son père refuse de la lui accorder, il paiera la somme fixée pour la dot des vierges.

17 "La sorcière, tu ne la laisseras point vivre.

18 Quiconque aura eu commerce avec un animal sera mis à mort.

19 "Celui qui sacrifie aux dieux, sauf à l'Éternel exclusivement, sera voué à la mort.

20 Tu ne contristeras point l'étranger ni ne le molesteras ; car vous-mêmes avez été étrangers en Égypte.

21 N'humiliez jamais la veuve ni l'orphelin.

22 Si tu l'humiliais, sache que, quand sa plainte s'élèvera vers moi, assurément j'entendrai cette plainte

23 et mon courroux s'enflammera et je vous ferai périr par le glaive et alors vos femmes aussi deviendront veuves et vos enfants orphelins.

24 "Si tu prêtes de l'argent à quelqu'un de mon peuple, au pauvre qui est avec toi, ne sois point à son égard comme un créancier ; n'exigez point de lui des intérêts.

25 Si tu saisis, comme gage, le manteau de ton prochain, au soleil couchant tu devras le lui rendre.

26 Car c'est là sa seule couverture, c'est le vêtement de son corps, comment abritera-t-il son sommeil ? Or, s'il se plaint à moi, je l'écouterai, car je suis compatissant.

27 "N'outrage point l'autorité suprême et ne maudis point le chef de ton peuple.

28 Ton abondance et ta liqueur, ne diffère pas à les offrir ; le premier-né de tes fils, fais m'en hommage.

29 Ainsi feras-tu à l'égard de ton gros et de ton menu bétail : le premier-né restera sept jours avec sa mère, le huitième jour tu me le livreras.

30 Vous devez aussi être des hommes saints devant moi : vous ne mangerez donc point la chair d'un animal déchiré dans les champs, vous l'abandonnerez aux chiens.

CHAPITRE VINGT-TROIS

"N'accueille point un rapport mensonger. Ne sois pas complice d'un méchant, en servant de témoin à l'iniquité.

2 Ne suis point la multitude pour mal faire ; et n'opine point, sur un litige, dans le sens de la majorité, pour faire fléchir le droit.

3 Ne sois point partial pour le pauvre, dans son procès.

4 "Si tu trouves le bœuf ou l'âne de ton ennemi, égaré, aie soin de le lui ramener.

5 "Si tu vois l'âne de ton ennemi succomber sous sa charge, garde toi de l'abandonner ; aide-lui au contraire à le décharger.

6 "Ne fais pas fléchir le droit de ton prochain indigent, s'il a un procès.

7 Fuis la parole de mensonge et ne frappe point de mort celui qui est innocent et juste, car je n'absoudrais point le prévaricateur.

8 N'accepte point de présents corrupteurs ; car la corruption trouble la vue des clairvoyants et fausse la parole des justes.

9 Tu ne vexeras point l'étranger. Vous connaissez, vous, le cœur de l'étranger, vous qui avez été étrangers dans le pays d'Égypte !

10 Six années tu ensemenceras ta terre et en recueilleras le produit ;

11 mais la septième, tu lui donneras du repos et en abandonneras les fruits, pour que les indigents de ton peuple en jouissent, le surplus pourra être consommé par les animaux des champs. Ainsi en useras-tu pour ta vigne et pour ton plant d'oliviers.

12 Six jours durant tu t'occuperas de tes travaux, mais au septième jour tu chômeras ; afin que ton bœuf et ton âne se reposent, que puissent respirer le fils de ton esclave et l'étranger.

13 Attachez-vous scrupuleusement à tout ce que je vous ai prescrit. Ne mentionnez jamais le nom de divinités étrangères, qu'on ne l'entende point dans ta bouche !

14 Trois fois l'an, tu célébreras des fêtes en mon honneur.

15 Et d'abord, tu observeras la fête des Azymes : durant sept jours tu mangeras des pains azymes, ainsi que je te l'ai ordonné, à l'époque du mois de la germination, car c'est alors que tu es sorti de l'Égypte et l'on ne paraîtra point devant ma face les mains vides.

16 Puis, la fête de la Moisson, fête des prémices de tes biens, que tu auras semés dans la terre ; et la fête de l'Automne, au déclin de l'année, lorsque tu rentreras ta récolte des champs.

17 Trois fois par an, tous tes mâles paraîtront par-devant le Souverain, l'Éternel.

18 Tu ne verseras point, en présence du pain levé, le sang de

mon sacrifice ; et la graisse de mes victimes ne séjournera pas jusqu'au matin sans être offerte.

19 Les prémices nouvelles de ton sol, tu les apporteras dans la maison de l'Éternel ton Dieu. Tu ne feras point cuire un chevreau dans le lait de sa mère.

20 "Or, j'enverrai devant toi un mandataire, chargé de veiller sur ta marche et de te conduire au lieu que je t'ai destiné.

21 Sois circonspect à son égard et docile à sa voix ; ne lui résiste point ! Il ne pardonnerait pas votre rébellion, car ma divinité est en lui.

22 Que si tu es toujours docile à sa voix, si tu accomplis toutes mes paroles, je serai l'ennemi de tes ennemis et je persécuterai tes persécuteurs.

23 Lorsque mon mandataire, guidant tes pas, t'aura introduit chez l'Amorréen, le Héthéen, le Phérézéen, le Cananéen, le Hévéen, le Jébuséen et que je les aurai exterminés,

24 ne te prosterne point devant leurs dieux, ne les sers point et n'imite point leurs rites ; au contraire, tu dois les, renverser, tu dois briser leurs monuments.

25 Vous servirez uniquement l'Éternel votre Dieu ; et il bénira ta nourriture et ta boisson et j'écarterai tout fléau du milieu de toi.

26 "Nulle femme n'avortera, nulle ne sera stérile dans ton pays ; je comblerai la mesure de tes jours.

27 J'enverrai ma terreur devant toi et je jetterai le trouble en toute population chez qui tu pénétreras et je mettrai tous tes ennemis en fuite devant toi.

28 Je te ferai précéder par le frelon, qui chassera le Hévéen, le Cananéen et le Héthéen de devant toi.

29 Je ne l'expulserai pas de devant toi en une seule année, car

le pays deviendrait un désert et les bêtes sauvages se multiplieraient à tes dépens :

30 je l'expulserai de devant toi successivement, jusqu'à ce que, devenu nombreux, tu puisses occuper tout le pays.

31 Je fixerai tes limites depuis la mer des Joncs jusqu'à la mer des Philistins et depuis le Désert jusqu'au Fleuve ; car je livrerai en ta main les habitants de cette contrée et tu les chasseras de devant toi.

32 Tu ne feras de pacte avec eux ni avec leurs divinités.

33 Qu'ils ne subsistent point sur ton territoire ! Ils te feraient prévariquer contre moi ; car tu adorerais leurs divinités et ce serait pour toi un écueil."

CHAPITRE VINGT-QUATRE

Or Dieu avait dit à Moïse : "Monte vers l'Éternel, avec Aaron, Nadab, Abihou et soixantedix des anciens d'Israël et vous vous prosternerez à distance.

2 Puis, Moïse s'avancera seul vers le Seigneur et eux ne le suivront point ; quant au peuple, il ne montera pas avec lui."

3 Moïse, de retour, transmit au peuple toutes les paroles de l'Éternel et tous les statuts ; et le peuple entier s'écria d'une seule voix : "Tout ce qu'a prononcé l'Éternel, nous l'exécuterons."

4 Moïse écrivit toutes les paroles de l'Éternel. Le lendemain, de bonne heure, il érigea un autel au pied de la montagne ; puis douze monuments, selon le nombre des tribus d'Israël.

5 Il chargea les jeunes gens d'Israël d'offrir des holocaustes et d'immoler, comme victimes rémunératoires, des taureaux au Seigneur.

6 Alors Moïse prit la moitié du sang, la mit dans des bassins et répandit l'autre moitié sur l'autel.

7 Et il prit le livre de l'Alliance, dont il fit entendre la lecture au peuple et ils dirent : "Tout ce qu'a prononcé l'Éternel, nous l'exécuterons docilement."

8 Moïse prit le sang, en aspergea le peuple et dit : "Ceci est le sang de l'alliance que l'Éternel a conclue avec vous touchant toutes ces paroles."

9 Moïse et Aaron remontèrent, accompagnés de Nadab, d'Abihou et des soixante-dix anciens d'Israël."

10 Ils contemplèrent la Divinité d'Israël. Sous ses pieds, quelque chose de semblable au brillant du saphir et de limpide comme la substance du ciel.

11 Mais Dieu ne laissa point sévir son bras sur ces élus des enfants d'Israël et après avoir joui de la vision divine, ils mangèrent et burent.

12 L'Éternel dit à Moïse : "Monte vers moi, sur la montagne et y demeure : je veux te donner les tables de pierre, la doctrine et les préceptes, que j'ai écrits pour leur instruction."

13 Moïse partit, avec Josué son serviteur ; puis il gravit la divine montagne.

14 Il avait dit aux anciens : "Attendez-nous ici jusqu'à notre retour. Comme Aaron et Hour sont avec vous, celui qui aura une affaire devra s'adresser à eux."

15 C'est alors que Moïse s'achemina vers la montagne, qu'enveloppait le nuage.

16 La majesté divine se fixa sur le mont Sinaï, que le nuage enveloppa six jours ; le septième jour, Dieu appela Moïse du milieu du nuage.

17 Or, la majesté divine apparaissait comme un feu dévorant au sommet de la montagne, à la vue des enfants d'Israël.

18 Moïse pénétra au milieu du nuage et s'éleva sur la

montagne ; et il resta sur cette montagne quarante jours et quarante nuits.

CHAPITRE VINGT-CINQ

L'éternel parla à Moïse en ces termes :

2 "Invite les enfants d'Israël à me préparer une offrande de la part de quiconque y sera porté par son cœur, vous recevrez mon offrande.

3 Et voici l'offrande que vous recevrez d'eux : or, argent et cuivre ;

4 étoffes d'azur, de pourpre, d'écarlate, de fin lin et de poil de chèvre ;

5 peaux de bélier teintes en rouge, peaux de tahach et bois de chittîm ;

6 huile pour le luminaire, aromates pour l'huile d'onction et pour la combustion des parfums ;

7 pierres de choham et pierres à enchâsser, pour l'éphod et pour le pectoral.

8 Et ils me construiront un sanctuaire, pour que je réside au milieu d'eux,

9 semblable en tout à ce que je t'indiquerai, c'est-à-dire au

plan du tabernacle et de toutes ses pièces et vous l'exécuterez ainsi.

10 "On fera une arche en bois de chittîm, ayant deux coudées et demie de long, une coudée et demie de large, une coudée et demie de hauteur.

11 Tu la revêtiras d'or pur, intérieurement et extérieurement ; et tu l'entoureras d'une corniche d'or."

12 Tu mouleras pour l'arche quatre anneaux d'or, que tu placeras à ses quatre angles ; savoir, deux anneaux à l'un de ses côtés et deux anneaux au côté opposé.

13 Tu feras des barres de bois de chittîm, que tu recouvriras d'or.

14 Tu passeras ces barres dans les anneaux, le long des côtés de l'arche, pour qu'elles servent à la porter.

15 Les barres, engagées dans les anneaux de l'arche, ne doivent point la quitter.

16 Tu déposeras dans l'arche le Statut que je te donnerai.

17 Tu feras aussi un propitiatoire d'or pur, ayant deux coudées et demie de long, une coudée et demie de large.

18 Puis tu feras deux chérubins d'or, tu les fabriqueras tout d'une pièce, ressortant des deux extrémités du propitiatoire.

19 Fais ressortir un chérubin d'un côté et l'autre du côté opposé, c'est du propitiatoire même que vous ferez saillir ces chérubins, à ses deux extrémités.

20 Ces chérubins auront les ailes étendues en avant et dominant le propitiatoire et leurs visages, tournés l'un vers l'autre, seront dirigés vers le propitiatoire.

21 Tu placeras ce propitiatoire au-dessus de l'arche, après avoir déposé dans l'arche le Statut que je te donnerai.

22 C'est là que je te donnerai rendez-vous ; c'est de dessus le propitiatoire, entre les deux chérubins placés sur l'arche du Statut, que je te communiquerai tous mes ordres pour les enfants d'Israël.

23 "Tu feras ensuite une table de bois de chittîm, longue de deux coudées, haute d'une coudée et demie.

24 Tu la recouvriras d'or pur et tu l'entoureras d'une bordure d'or.

25 Tu y adapteras, tout autour, un châssis large d'un palme et tu entoureras ce châssis d'une bordure d'or.

26 Tu feras pour la table quatre anneaux d'or, que tu fixeras aux quatre extrémités formées par ses quatre pieds.

27 C'est vis-à-vis que se trouveront les anneaux ; ils donneront passage à des barres servant à porter la table.

28 Tu feras ces barres en bois de chittîm et tu les recouvriras d'or ; c'est par leur moyen que sera portée la table.

29 Tu feras ses sébiles et ses cuillers, ses montants et ses demi-tubes, pièces dont elle doit être garnie ; c'est en or pur que tu les confectionneras.

30 Et tu placeras sur cette table des pains de proposition, en permanence devant moi.

31 "Tu, feras aussi un candélabre d'or pur. Ce candélabre, c'est-à-dire son pied et sa tige, sera fait tout d'une pièce ; ses calices, ses boutons et ses fleurs feront corps avec lui.

32 Six branches sortiront de ses côtés : trois branches du candélabre d'un côté et trois branches du candélabre de l'autre.

33 Trois calices amygdaloïdes à l'une des branches, avec bouton et fleur et trois calices amygdaloïdës, avec bouton et fleur à l'autre branche ; ainsi pour les six branches qui sailliront du candélabre.

34 Le fût du candélabre portera quatre calices amygdaloïdes, avec ses boutons et ses fleurs ;

35 savoir, un bouton à l'origine d'une de ses paires de branches, un bouton à l'origine de sa seconde paire de branches, un bouton à l'origine de la troisième : ils répondront aux six branches partant du candélabre.

36 Boutons et branches feront corps avec lui ; le tout sera fait d'un seul lingot d'or pur.

37 Puis tu feras ses lampes au nombre de sept ; quand on disposera ces lampes, on en dirigera la lumière du côté de sa face.

38 Puis, ses mouchettes et ses godets, en or pur.

39 Un kikkar d'or pur sera employé pour le candélabre, y compris tous ces accessoires.

40 Médite et exécute, selon le plan qui t'est indiqué sur cette montagne.

CHAPITRE VINGT-SIX

"Puis tu feras le tabernacle, savoir dix tapis, qui seront faits de lin retors, de fils d'azur, de pourpre et d'écarlate et artistement damassés de chérubins.

2 La longueur de chaque tapis sera de vingt-huit coudées ; la largeur, de quatre coudées par tapis : dimension uniforme pour tous les tapis.

3 Cinq des tapis seront attachés l'un à l'autre et les cinq autres seront joints de la même manière.

4 Tu adapteras des nœuds d'étoffe azurée au bord du tapis qui termine un assemblage et de même au bord du dernier tapis de l'autre assemblage.

5 Tu mettras cinquante nœuds à un tapis et cinquante autres au bord du tapis terminant le second assemblage ; ces nœuds se correspondront l'un à l'autre.

6 Tu feras cinquante agrafes d'or ; tu joindras les tapis l'un à l'autre au moyen de ces agrafes, de sorte que l'enceinte sera continue.

7 Puis tu feras des tapis en poil de chèvre, servant de pavillon au tabernacle ; tu les feras au nombre de onze.

8 La longueur de chaque tapis sera de trente coudées ; la largeur, de quatre coudées par tapis : même dimension pour les onze tapis.

9 Tu joindras cinq de ces tapis à part et à part les six autres, le sixième tapis devant être rabattu sur le devant de la tente.

10 Tu disposeras cinquante nœuds au bord du tapis extrême d'un assemblage et cinquante nœuds au bord, du tapis terminant le second assemblage.

11 Tu confectionneras cinquante agrafes de cuivre ; tu les feras entrer dans les nœuds et réuniras ainsi le pavillon en un seul corps.

12 Les tapis du pavillon dépassant les autres d'une certaine longueur, le demi-tapis qui sera en plus descendra sur la face postérieure du tabernacle.

13 Et la coudée d'un côté et la coudée de l'autre, qui se trouveront en excès dans la longueur des tapis du pavillon, retomberont sur les côtés du tabernacle, de part et d'autre, pour le couvrir.

14 Tu ajouteras, pour couvrir le pavillon, des peaux de bélier teintes en rouge et, par-dessus, une couverture de peaux de tahach.

15 "Tu feras ensuite les solives destinées au tabernacle : ce seront des ais de chittîm perpendiculaires.

16 Dix coudées seront la longueur de chaque solive ; une coudée et demie la largeur de chacune.

17 Chaque solive aura deux tenons parallèles l'un à l'autre ; ainsi feras-tu pour toutes les solives du tabernacle.

18 Tu disposeras ces solives pour le tabernacle, comme il suit : vingt solives dans le sens du sud ou midi ;

19 sous ces vingt solives tu placeras quarante socles d'argent : deux socles sous une solive, pour recevoir ses deux tenons et deux socles sous une autre, pour ses deux tenons.

20 De même, pour le second côté du tabernacle, à la face nord, vingt solives,

21 avec leurs quarante socles d'argent : deux socles sous une solive et deux socles sous la solive suivante.

22 Pour le côté postérieur du tabernacle, à l'occident, tu prépareras six solives ;

23 puis, tu en prépareras deux pour les angles postérieurs du tabernacle.

24 Elles seront accouplées par en bas et également accouplées, au sommet, par un seul anneau ; même disposition pour ces deux solives, placées aux deux angles.

25 Il y aura donc huit solives, avec leurs socles d'argent, soit seize socles : deux socles sous une solive et deux socles sous l'autre.

26 Tu feras ensuite des traverses de bois de chittîm : cinq pour les solives d'un côté du tabernacle,

27 cinq autres pour les solives du second côté du tabernacle et cinq traverses pour les solives du côté postérieur, occidental.

28 La traverse du milieu passera dans l'intérieur des solives, les reliant d'une extrémité à l'autre.

29 Ces solives, tu les recouvriras d'or ; tu feras en or leurs anneaux, où passeront les traverses et ces traverses tu les recouvriras d'or.

30 Tu érigeras ainsi le tabernacle, suivant la disposition qui t'a été enseignée sur cette montagne.

31 "Tu feras ensuite un voile en étoffe d'azur, de pourpre, d'écarlate et de lin retors ; on le fabriquera artistement, en le damassant de chérubins.

32 Tu le suspendras à quatre piliers de chittîm, recouverts d'or, à crochets d'or et soutenus par quatre socles d'argent.

33 Tu fixeras ce voile au-dessous des agrafes ; c'est là, dans l'enceinte protégée par le voile, que tu feras entrer l'arche du Statut et le voile séparera ainsi pour vous le sanctuaire d'avec le Saint des saints.

34 Tu poseras le propitiatoire sur l'arche du Statut, dans le Saint des saints.

35 Tu placeras la table en dehors du voile et le candélabre en face de la table au côté méridional du tabernacle, la table étant placée au côté septentrional.

36 Puis, tu confectionneras un rideau pour l'entrée de la Tente, en azur, pourpre, écarlate et lin retors, artistement brodés.

37 Tu feras, pour ce rideau, cinq piliers de chittîm ; tu les revêtiras d'or, leurs crochets seront d'or et tu mouleras pour eux cinq socles de cuivre.

CHAPITRE VINGT-SEPT

" Puis tu feras l'autel, en bois de chittîm ; cinq coudées de longueur, cinq coudées de largeur, l'autel sera carré, et trois coudées de hauteur.

2 Tu sculpteras ses cornes aux quatre angles, de sorte qu'elle fassent corps avec lui et tu le revêtiras de cuivre.

3 Tu feras ses cendriers, destinés à en recueillir les cendres ; ses pelles, ses bassins, ses fourches et ses brasiers. Pour tous ces ustensiles tu emploieras le cuivre.

4 Tu y ajouteras un grillage en forme de réseau de cuivre et tu adapteras à ce réseau quatre anneaux de cuivre, vers ses quatre angles.

5 Tu le placeras sous l'entablement de l'autel, dans la partie inférieure et ce réseau s'élèvera jusqu'au milieu de l'autel.

6 tu feras pour l'autel des barres de bois de chittîm, que tu recouvriras de cuivre.

7 Ces barres, introduites dans les anneaux, se trouveront aux deux côtés de l'autel lorsqu'on le transportera.

8 Tu le disposeras en boiserie creuse ; comme on te l'a fait voir sur cette montagne, c'est ainsi qu'ils l'exécuteront.

9 "Tu formeras ensuite le parvis du tabernacle. Pour le côté du sud ou méridional, les toiles du parvis, en lin retors, auront cent coudées de longueur, formant un côté.

10 Il aura vingt piliers dont les socles, au nombre de vingt, seront de cuivre ; les crochets des piliers et leurs tringles d'argent.

11 De même, pour la longueur du côté nord, des toiles de cent coudées de long, avec vingt piliers ayant vingt socles de cuivre, avec les crochets et leurs tringles en argent.

12 Pour la largeur du parvis à la face occidentale, des toiles de cinquante coudées, avec dix piliers munis de dix socles.

13 Largeur du parvis au côté oriental, au levant, cinquante coudées :

14 quinze coudées de toiles formeront une aile, elles auront trois piliers et ceux-ci trois socles.

15 Egalement, pour la seconde aile, quinze coudées de toiles, ayant trois piliers avec trois socles.

16 La porte du parvis sera un rideau de vingt coudées, étoffe d'azur, de pourpre, d'écarlate et de lin retors, artistement brodés ; elle aura quatre piliers avec quatre socles.

17 "Tous les piliers formant le pourtour du parvis seront unis par des tringles d'argent ; leurs crochets seront d'argent et leurs socles de cuivre.

18 Longueur du parvis, cent coudées ; largeur, cinquante de part et d'autre ; hauteur, cinq coudées de toiles en lin retors, avec socles de cuivre.

19 Quant aux ustensiles employés aux divers services du

tabernacle, ainsi que ses chevilles et toutes les chevilles du parvis, ils seront en cuivre.

20 " Pour toi, tu ordonneras aux enfants d'Israël de te choisir une huile pure d'olives concassées, pour le luminaire, afin d'alimenter les lampes en permanence.

21 C'est dans la Tente d'assignation, en dehors du voile qui abrite le Statut, qu'Aaron et ses fils les disposeront, pour brûler du soir jusqu'au matin en présence du Seigneur : règle invariable pour leurs générations, à observer par les enfants d'Israël.

CHAPITRE VINGT-HUIT

"De ton côté, fais venir à toi Aaron ton frère, avec ses fils, du milieu des enfants d'Israël, pour exercer le sacerdoce en mon honneur : Aaron, avec Nadab et Abihou, Éléazar et Ithamar, ses fils.

2 Tu feras confectionner pour Aaron ton frère des vêtements sacrés, insignes d'honneur et de majesté.

3 Tu enjoindras donc à tous les artistes habiles, que j'ai doués du génie de l'art, qu'ils exécutent le costume d'Aaron, afin de le consacrer à mon sacerdoce.

4 Or, voici les vêtements qu'ils exécuteront : un pectoral, un éphod, une robe, une tunique à mailles, une tiare et une écharpe ; ils composeront ainsi un saint costume à Aaron ton frère et à ses fils, comme exerçant mon ministère.

5 Et ils emploieront l'or, l'azur, la pourpre, l'écarlate et le fin lin.

6 "Ils confectionneront l'éphod en or, azur, pourpre, écarlate et lin retors, artistement brochés.

7 Deux épaulières d'attache, placées à ses deux extrémités, serviront à le réunir.

8 La ceinture qu'il porte, destinée à l'assujettir, sera du même travail, fera partie de son tissu or, azur, pourpre, écarlate et lin retors.

9 Tu prendras deux pierres de choham, sur lesquelles tu graveras les noms des fils d'Israël :

10 six de leurs noms sur une pierre et les noms des six autres sur la seconde pierre, selon leur ordre de naissance.

11 A l'instar du graveur sur pierre et comme la gravure d'un cachet, tu traceras sur ces deux pierres les noms des fils d'Israël et tu les enchâsseras dans des chatons d'or

12 Tu adapteras ces deux pierres aux épaulières de l'éphod, comme pierres commémoratives pour les enfants d'Israël, dont Aaron portera les noms, en présence de l'Éternel, sur ses deux épaules, comme souvenir.

13 "Tu prépareras aussi des chatons d'or

14 et deux chaînettes d'or pur, que tu feras en les cordonnant en forme de torsade ; ces chaînettes-torsades, tu les fixeras sur les chatons.

15 "Tu feras le pectoral de jugement, artistement ouvragé et que tu composeras à la façon de l'éphod : c'est d'or, d'azur, de pourpre, d'écarlate et de fin retors, que tu le composeras.

16 Il sera carré, plié en deux ; un empan sera sa longueur, un empan sa largeur.

17 Tu le garniras de pierreries enchâssées, formant quatre rangées. Sur une rangée : un rubis, une topaze et une émeraude, première rangée ;

18 deuxième rangée : un nofek, un saphir et un diamant ;

19 troisième, rangée : un léchem, un chebô et un ahlama ;

20 quatrième rangée : une tartessienne, un choham et un jaspe. Ils seront enchâssés dans des chatons d'or.

21 Ces pierres, portant les noms des fils d'Israël, sont au nombre de douze selon ces mêmes noms ; elles contiendront, gravé en manière de cachet, le nom de chacune des douze tribus.

22 Ensuite, tu prépareras pour le pectoral des chaînettes cordonnées, forme de torsade, en or pur.

23 Tu feras encore, pour le pectoral, deux anneaux d'or, que tu mettras aux deux coins du pectoral.

24 Puis tu passeras les deux torsades d'or dans les deux anneaux placés aux coins du pectoral

25 et les deux bouts de chaque torsade, tu les fixeras sur les deux chatons, les appliquant aux épaulières de l'éphod du côté de la face.

26 Tu feras encore deux anneaux d'or, que tu placeras aux deux coins du pectoral, sur le bord qui fait face à l'éphod intérieurement

27 et tu feras deux autres anneaux d'or, que tu fixeras aux deux épaulières de l'éphod, par le bas, au côté extérieur, à l'endroit de l'attache, au-dessus de la ceinture de l'éphod.

28 On assujettira le pectoral en joignant ses anneaux à ceux de l'éphod par un cordon d'azur, de sorte qu'il reste fixé sur la ceinture de l'éphod ; et ainsi le pectoral n'y vacillera point.

29 Et Aaron portera sur son cœur, lorsqu'il entrera dans le sanctuaire, les noms des enfants d'Israël, inscrits sur le pectoral du jugement : commémoration perpétuelle devant le Seigneur.

30 Tu ajouteras au pectoral du jugement les ourîm et les toummîm, pour qu'ils soient sur la poitrine d'Aaron lorsqu'il se présentera devant l'Éternel. Aaron portera ainsi le destin des enfants d'Israël sur sa poitrine, devant le Seigneur, constamment.

31 "Tu feras la robe de l'éphod, uniquement d'azur.

32 L'ouverture supérieure sera infléchie ; cette ouverture sera garnie, tout autour, d'un ourlet tissu et sera faite comme l'ouverture d'une cotte de mailles, pour qu'elle ne se déchire point.

33 Tu adapteras au bord, tout autour du bord, des grenades d'azur, de pourpre et d'écarlate et des clochettes d'or entremêlées, tout à l'entour.

34 Une clochette d'or, puis une grenade ; une clochette d'or, puis une grenade, au bas de la robe, à l'entour.

35 Aaron doit la porter lorsqu'il fonctionnera, pour que le son s'entende quand il entrera dans le saint lieu devant le Seigneur et quand il en sortira et qu'il ne meure point.

36 "Tu feras une plaque d'or pur, sur laquelle tu graveras, comme sur un sceau :"Consacré au Seigneur".

37 Tu la fixeras par un ruban d'azur, de manière à la placer sur la tiare ; c'est en avant de la tiare qu'elle doit se trouver.

38 Elle sera sur le front d'Aaron, qui se chargera ainsi des péchés relatifs aux consécrations des enfants d'Israël, à leurs diverses offrandes religieuses ; et elle sera sur son front en permanence, pour leur obtenir la bienveillance de l'Éternel.

39 Tu feras la tunique à mailles de lin, de lin aussi la tiare et l'écharpe tu l'exécuteras en broderie.

40 Pour les fils d'Aaron également tu feras des tuniques et pour eux aussi des écharpes ; puis tu leur feras des turbans, signes d'honneur et de dignité.

41 Tu feras revêtir ce costume à Aaron ton frère, de même à ses fils ; tu les oindras, tu les installeras et tu les consacreras à mon sacerdoce.

42 Fais-leur aussi des caleçons de lin commun, pour couvrir la nudité de la chair, depuis les reins jusqu'aux cuisses.

43 Aaron et ses fils porteront ce costume lorsqu'ils entreront dans la Tente d'assignation, ou lorsqu'ils approcheront de l'autel pour le saint ministère, afin de ne pas se trouver en faute et encourir la mort : loi perpétuelle pour lui et pour sa postérité.

CHAPITRE VINGT-NEUF

"Or, voici comment tu procéderas à leur égard, pour les consacrer à mon sacerdoce : prends un jeune taureau et deux béliers sans défaut ;

2 puis des pains azymes, des gâteaux azymes pétris avec de l'huile et des galettes azymes ointes d'huile ; tu les feras de la plus pure farine de froment.

3 Tu les mettras dans une même corbeille et les présenteras dans cette corbeille, en même temps que le taureau et les deux béliers

4 Tu feras avancer Aaron et ses fils à l'entrée de la Tente d'assignation et tu les feras baigner.

5 Tu prendras les vêtements sacrés ; tu feras endosser à Aaron la tunique, la robe de l'éphod, l'éphod et le pectoral et tu le ceindras de la ceinture de l'éphod.

6 Puis tu placeras la tiare sur sa tête et tu assujettiras le saint diadème sur la tiare.

7 Tu prendras alors l'huile d'onction, que tu répandras sur sa tête, lui donnant ainsi l'onction.

8 Puis tu feras approcher ses fils et tu les revêtiras de tuniques ;

9 tu les ceindras de l'écharpe, Aaron et ses fils ; tu coifferas ceux-ci de turbans et le sacerdoce leur appartiendra à titre perpétuel ; c'est ainsi que tu investiras Aaron et ses fils.

10 Tu amèneras le taureau devant la Tente d'assignation ; Aaron et ses fils imposeront leurs mains sur la tête du taureau."

11 Puis tu l'immoleras devant le Seigneur, à l'entrée de la Tente d'assignation ;

12 tu prendras de son sang, que tu appliqueras sur les cornes de l'autel avec ton doigt ; et le reste du sang, tu le répandras dans le réceptacle de l'autel.

13 Tu prendras alors toute la graisse qui tapisse les entrailles, la membrane du foie, les deux rognons avec leur graisse et tu feras fumer le tout sur l'autel.

14 Pour la chair du taureau, sa peau et sa fiente, tu les consumeras par le feu, hors du camp ; c'est un expiatoire.

15 Tu prendras ensuite l'un des béliers ; Aaron et ses fils imposeront leurs mains sur sa tête.

16 Tu immoleras ce bélier ; tu prendras son sang, dont tu aspergeras le tour de l'autel.

17 Le bélier, tu le dépèceras par quartiers ; tu laveras ses intestins et ses jambes, que tu poseras sur les quartiers et sur la tête

18 et tu feras fumer le bélier tout entier sur l'autel : c'est un holocauste au Seigneur ; ce sera une odeur agréable, comme sacrifice à l'Éternel.

19 Alors tu prendras le second bélier ; Aaron et ses fils imposeront leurs mains sur sa tête.

20 Tu immoleras ce bélier. ; tu prendras de son sang, que tu appliqueras sur le lobe de l'oreille droite d'Aaron et de celle de ses fils, sur le pouce de leur main droite et sur l'orteil de leur pied droit ; tu aspergeras aussi, avec le sang, le tour de l'autel.

21 Tu prendras de ce même sang resté près de l'autel, puis de l'huile d'onction ; tu en feras aspersion sur Aaron et sur ses vêtements, sur ses fils et sur leurs vêtements de même ; il se trouvera ainsi consacré lui et ses vêtements, ainsi que ses fils et leurs vêtements.

22 Tu extrairas du bélier le suif, la queue, la graisse qui tapisse les entrailles, la membrane du foie, les deux rognons avec leur graisse et la cuisse droite ; car c'est un bélier d'installation.

23 Tu prendras encore un des pains, un des gâteaux à l'huile et une galette, dans la corbeille d'azymes placée devant le Seigneur ;

24 tu poseras le tout sur les mains d'Aaron et sur celles de ses fils et tu le balanceras devant le Seigneur ;

25 puis tu le reprendras de leurs mains et le feras brûler sur l'autel, à la suite de l'holocauste : parfum agréable à l'Éternel, combustion faite en son honneur.

26 Tu prendras la poitrine du bélier d'installation destiné à Aaron et tu la balanceras devant le Seigneur et elle deviendra ta portion.

27 Tu consacreras ainsi cette poitrine balancée et cette cuisse prélevée (balancée et prélevée séparément du bélier d'installation destiné à Aaron et à ses fils),

28 afin qu'elles appartiennent à Aaron et à ses fils comme redevance constante de la part des Israélites, car c'est une chose

prélevée ; ce sera l'offrande que les Israélites auront à prélever, sur leurs sacrifices rémunératoires, en l'honneur de l'Éternel.

29 Le costume sacré d'Aaron sera celui de ses fils après lui ; c'est sous ce costume qu'on doit les oindre et les investir de leurs fonctions,

30 Sept jours durant, ces vêtements seront portés par celui de ses fils son successeur dans le sacerdoce qui entrera dans la Tente d'assignation pour le saint ministère.

31 Puis, tu prendras le bélier d'installation, dont tu feras cuire la chair en lieu saint ;

32 et Aaron et ses fils mangeront la chair du bélier, ainsi que le pain qui est dans la corbeille, à l'entrée de la Tente d'assignation.

33 Ils les mangeront ces mêmes offrandes qui les auront purifiés pour que s'accomplisse leur installation, pour qu'ils soient consacrés ; un profane n'en pourra manger, car elles sont une chose sainte.

34 S'il reste quelque chose de la chair de la victime ou des pains jusqu'au lendemain, tu consumeras ce reste par le feu ; il ne sera point mangé, car c'est une chose sainte.

35 Tu agiras à l'égard d'Aaron et de ses fils, exactement comme je te l'ai prescrit ; tu emploieras sept jours à leur installation.

36 Tu immoleras aussi, chaque jour, un taureau expiatoire en sus des expiatoires précédents et tu purifieras l'autel au moyen de cette expiation ; puis tu l'oindras pour le consacrer.

37 Sept jours durant, tu purifieras ainsi l'autel et le consacreras ; alors l'autel sera une chose éminemment sainte, tout ce qui touchera à l'autel deviendra saint.

38 "Or, voici ce que tu offriras sur cet autel : des agneaux de première année, deux par jour, constamment.

39 L'un des agneaux tu l'offriras le matin et tu offriras le second vers le soir ;

40 plus, un dixième de fleur de farine pétrie avec un quart de vin d'huile vierge et une libation d'un quart de vin de vin, pour ce premier agneau.

41 Le second agneau, tu l'offriras vers le soir ; tu y joindras une oblation et une libation semblables à celles du matin, sacrifice d'odeur agréable à l'Éternel.

42 Tel sera l'holocauste perpétuel, offert par vos générations à l'entrée de la Tente d'assignation, devant l'Éternel, là où je vous donnerai rendez-vous, où je m'entretiendrai avec toi.

43 C'est là que je me mettrai en rapport avec les enfants d'Israël et ce lieu sera consacré par ma majesté.

44 Oui, je sanctifierai la Tente d'assignation et l'autel ; Aaron et ses fils, je les sanctifierai aussi, pour qu'ils exercent mon ministère.

45 Et je résiderai au milieu des enfants d'Israël et je serai leur Divinité.

46 Et ils sauront que moi, l'Éternel, je suis leur Dieu, qui les ai tirés du pays d'Égypte pour résider au milieu d'eux ; moi-même, l'Éternel, leur Dieu !

CHAPITRE TRENTE

"Tu feras aussi un autel pour la combustion des parfums ; c'est en bois de chittîm que tu le feras.

2 Une coudée sera sa longueur, une coudée sa largeur, il sera carré, et deux coudées sa hauteur ; ses cornes feront corps avec lui.

3 Tu le recouvriras d'or pur, savoir : sa plateforme, ses parois tout autour et ses cornes ; et tu l'entoureras d'une bordure d'or.

4 Tu y adapteras deux anneaux d'or au-dessous de la bordure, à ses deux parois, les plaçant de part et d'autre : ils donneront passage à des barres qui serviront à le porter.

5 Tu feras ces barres de bois de chittîm et tu les recouvriras d'or.

6 Tu placeras cet autel devant le voile qui abrite l'arche du Statut, en face du propitiatoire qui couvre ce Statut et où je communiquerai avec toi.

7 C'est sur cet autel qu'Aaron fera l'encensement aroma-

tique. Chaque matin, lorsqu'il accommodera les lampes, il fera cet encensement,

8 et lorsque Aaron allumera les lampes vers le soir, il le fera encore : encensement quotidien devant l'Éternel, dans toutes vos générations.

9 Vous n'y offrirez point un parfum profané, ni holocauste ni oblation et vous n'y répandrez aucune libation.

10 Aaron en purifiera les cornes une fois l'année ; c'est avec le sang des victimes expiatoires, une seule fois l'année, qu'on le purifiera dans vos générations. Il sera éminemment saint devant l'Éternel."

11 L'Éternel parla à Moïse en ces termes :

12 "Quand tu feras le dénombrement général des enfants d'Israël, chacun d'eux paiera au Seigneur le rachat de sa personne lors du dénombrement, afin qu'il n'y ait point de mortalité parmi eux à cause de cette opération.

13 Ce tribut, présenté par tous ceux qui seront compris dans le dénombrement, sera d'un demi-sicle, selon le poids du sanctuaire ; ce dernier est de vingt ghéra, la moitié sera l'offrande réservée au Seigneur.

14 Quiconque fera partie du dénombrement depuis l'âge de vingt ans et au-delà doit acquitter l'impôt de l'Éternel.

15 Le riche ne donnera pas plus, le pauvre ne donnera pas moins que la moitié du sicle, pour acquitter l'impôt de l'Éternel, à l'effet de racheter vos personnes.

16 Tu recevras des enfants d'Israël le produit de cette rançon et tu l'appliqueras au service de la Tente d'assignation et il servira de recommandation aux enfants d'Israël devant le Seigneur pour qu'il épargne vos personnes."

17 L'Éternel parla ainsi à Moïse :

18 "Tu feras une cuve de cuivre, avec son support en cuivre, pour les ablutions ; tu la placeras entre la Tente d'assignation et l'autel et tu y mettras de l'eau.

19 Aaron et ses fils y laveront leurs mains et leurs pieds.

20 Pour entrer dans la Tente d'assignation, ils devront se laver de cette eau, afin de ne pas mourir ; de même, lorsqu'ils approcheront de l'autel pour leurs fonctions, pour la combustion d'un sacrifice en l'honneur de l'Éternel,

21 ils se laveront les mains et les pieds, pour ne pas mourir. Ce sera une règle constante pour lui et pour sa postérité, dans toutes leurs générations."

22 L'Éternel parla ainsi à Moïse : "

23 Tu prendras aussi des aromates de premier choix : myrrhe franche, cinq cents sicles ; cinnamone odorant, la moitié, soit deux cent cinquante ; jonc aromatique, deux cent cinquante,

24 enfin casse, cinq cents sicles au poids du sanctuaire ; puis de l'huile d'olive, un hîn.

25 Tu en composeras une huile pour l'onction sainte, manipulant ces aromates à l'instar du parfumeur : ce sera l'huile de l'onction sainte.

26 Tu en oindras la Tente d'assignation, puis l'arche du Statut ;

27 la table avec tous ses accessoires, le candélabre avec les siens ; l'autel du parfum ;

28 l'autel aux holocaustes avec tous ses ustensiles et la cuve avec son support.

29 Tu les sanctifieras ainsi et ils deviendront éminemment saints : tout ce qui y touchera deviendra saint.

30 Tu en oindras aussi Aaron et ses fils et tu les consacreras à mon ministère.

31 Quant aux enfants d'Israël, tu leur parleras ainsi : Ceci sera l'huile d'onction sainte, en mon honneur, dans vos générations.

32 Elle ne doit point couler sur le corps du premier venu et vous n'en composerez point une pareille, dans les mêmes proportions : c'est une chose sainte, elle doit être sacrée pour vous.

33 Celui qui en imitera la composition, ou qui en appliquera sur un profane, sera retranché de son peuple."

34 L'Éternel dit à Moïse : "Choisis des ingrédients : du storax, de l'ongle aromatique, du galbanum, divers ingrédients et de l'encens pur ; le tout à poids égal.

35 Tu en composeras un parfum, manipulé selon l'art du parfumeur ; mixtionné, ce sera une chose pure et sainte.

36 Tu le réduiras en poudre fine et tu en poseras devant le Statut, dans la Tente d'assignation, où je communiquerai avec toi ; ce sera pour vous une chose éminemment sainte.

37 Ce parfum que tu composeras, vous n'en ferez point un semblable pour votre usage : ce sera pour toi une chose sacrée, réservée au Seigneur.

38 Quiconque en fera un pareil pour en aspirer l'odeur, sera retranché de son peuple."

CHAPITRE TRENTE-ET-UN

L'Éternel parla à Moïse en ces termes :

2 "Vois, j'ai désigné expressément Beçalêl, fils d'Ouri, fils de Hour, de la tribu de Juda,

3 et je l'ai rempli d'une inspiration divine, d'habileté, de jugement, de science, et d'aptitude pour tous les arts.

4 Il saura combiner les tissus ; mettre en œuvre l'or, l'argent et le cuivre,

5 mettre en œuvre et enchâsser la pierre, travailler le bois, exécuter toute espèce d'ouvrage.

6 De plus, je lui ai adjoint Oholiab, fils d'Ahisamak, de la tribu de Dan ainsi que d'autres esprits industrieux que j'ai doués d'habileté. Ils exécuteront tout ce que je t'ai prescrit :

7 la Tente d'Assignation, l'arche destinée aux Statuts, le propitiatoire qui doit la couvrir et toutes les pièces de la Tente ;

8 la table avec ses accessoires, le candélabre d'or pur avec tous ses ustensiles et l'autel du parfum ;

9 l'autel de l'holocauste et tous ses ustensiles, la cuve et son support ;

10 les tapis d'emballage, les vêtements sacrés du pontife Aaron et ceux que ses fils doivent porter lorsqu'ils fonctionnent ;

11 l'huile d'onction et le parfum aromatique pour le sanctuaire. Ils se conformeront, en tout, à ce que Je t'ai ordonné."

12 L'Éternel parla ainsi à Moïse :

13 "Et toi, parle aux enfants d'Israël en ces termes : Toutefois, observez mes sabbats car c'est un symbole de moi à vous dans toutes vos générations, pour qu'on sache que c'est Moi, l'Éternel qui vous sanctifie.

14 Gardez donc le sabbat, car c'est chose sainte pour vous ! Qui le violera sera puni de mort ; toute personne même qui fera un travail en ce jour, sera retranchée du milieu de son peuple.

15 Six jours on se livrera au travail ; mais le septième jour il y aura repos, repos complet consacré au Seigneur. Quiconque fera un travail le jour du sabbat sera puni de mort.

16 Les enfants d'Israël seront donc fidèles au sabbat, en l'observant dans toutes leurs générations comme un pacte immuable.

17 Entre moi et les enfants d'Israël c'est un symbole perpétuel, attestant qu'en six jours, l'Éternel a fait les cieux et la terre, et que, le septième jour, il a mis fin à l'œuvre et s'est reposé."

18 Dieu donna à Moïse, lorsqu'il eut achevé de s'entretenir avec lui sur le mont Sinaï, les deux tables du Statut, tables de pierre, burinées par le doigt de Dieu.

CHAPITRE TRENTE-DEUX

Le peuple, voyant que Moïse tardait à descendre de la montagne, s'attroupa autour d'Aaron et lui dit : "Allons ! fais-nous un dieu qui marche à notre tête, puisque celui-ci, Moïse, l'homme qui nous a fait sortir du pays d'Égypte, nous ne savons ce qu'il est devenu."

2 Aaron leur répondit : "Détachez les pendants d'or qui sont aux oreilles de vos femmes, de vos fils et de vos filles et me les apportez."

3 Tous se dépouillèrent des pendants d'or qui étaient à leurs oreilles et les apportèrent à Aaron.

4 Ayant reçu cet or de leurs mains, il le jeta en moule et en fit un veau de métal ; et ils dirent : "Voilà tes dieux, ô Israël, qui t'ont fait sortir du pays d'Égypte !"

5 Ce que voyant, Aaron érigea devant lui un autel et il proclama : "A demain une solennité pour l'Éternel !"

6 Ils s'empressèrent, dès le lendemain, d'offrir des holo-

caustes, d'amener des victimes rémunératoires ; le peuple se mit à manger et à boire, puis se livra à des réjouissances.

7 Alors l'Éternel dit à Moïse : "Va, descends ! car on a perverti ton peuple que tu as tiré du pays d'Égypte !

8 De bonne heure infidèles à la voie que je leur avais prescrite, ils se sont fait un veau de métal et ils se sont courbés devant lui, ils lui ont sacrifié, ils ont dit : 'Voilà tes dieux, Israël, qui t'ont fait sortir du pays d'Égypte !'"

9 L'Éternel dit à Moïse : "Je vois que ce peuple est un peuple rétif.

10 Donc, cesse de me solliciter, laisse s'allumer contre eux ma colère et que je les anéantisse, tandis que je ferai de toi un grand peuple !"

11 Mais Moïse implora l'Éternel son Dieu, en disant :

12 "Pourquoi, Seigneur, ton courroux menace-t-il ton peuple, que tu as tiré du pays d'Égypte avec une si grande force et d'une main si, puissante ? Faut-il que les Égyptiens disent : 'C'est pour leur malheur qu'il les a emmenés, pour les faire périr dans les montagnes et les anéantir de dessus la face de la terre !' Reviens de ton irritation et révoque la calamité qui menace ton peuple.

13 Souviens-toi d'Abraham, d'Isaac et d'Israël, tes serviteurs, à qui tu as juré par toi-même leur disant : Je ferai votre postérité aussi nombreuse que les étoiles du ciel ; et tout ce pays que j'ai désigné, je le donnerai à votre postérité, qui le possédera pour jamais !"

14 L'Éternel révoqua le malheur qu'il avait voulu, infliger à son peuple.

15 Moïse redescendit de la montagne, les deux tables du Statut à la main, tables écrites sur leurs deux faces, d'un côté et de l'autre.

16 Et ces tables étaient l'ouvrage de Dieu ; et ces caractères, gravés sur les tables, étaient des caractères divins.

17 Josué, entendant la clameur jubilante du peuple, dit à Moïse : "Des cris de guerre au camp !"

18 Moïse répondit : "Ce n'est point le bruit d'un chant de victoire, ce n'est point le cri annonçant une défaite ; c'est une clameur affligeante que j'entends !"

19 Or, comme il approchait du camp, il aperçut le veau et les danses. Le courroux de Moïse s'alluma ; il jeta de ses mains les tables et les brisa au pied de la montagne.

20 Puis il prit le veau qu'on avait fabriqué, le calcina par le feu, le réduisit en menue poussière qu'il répandit sur l'eau et qu'il fit boire aux enfants d'Israël.

21 Moïse dit à Aaron : "Que t'avait fait ce peuple, pour que tu l'aies induit à une telle prévarication ?"

22 Aaron répondit : "Que mon seigneur ne se courrouce point ; toi-même tu sais combien ce peuple est prompt au mal.

23 Ils m'ont dit : 'Fabrique-nous un dieu qui marche à notre tête, puisque celui-ci, Moïse, l'homme qui nous a fait sortir du pays d'Égypte, nous ne savons ce qu'il est devenu.'

24 Je leur ai répondu : 'Qui a de l'or ?' et ils s'en sont dépouillés et me l'ont livré ; je l'ai jeté au feu et ce veau en est sorti."

25 Moïse vit que le peuple était livré au désordre ; qu'Aaron l'y avait abandonné, le dégradant ainsi devant ses ennemis

26 et Moïse se posta à la porte du camp et il dit : "Qui aime l'Éternel me suive !" Et tous les Lévites se groupèrent autour de lui.

27 Il leur dit : "Ainsi a parlé l'Éternel, Dieu d'Israël : 'Que chacun de vous s'arme de son glaive ! passez, repassez d'une

porte à l'autre dans le camp et immolez, au besoin, chacun son frère, son ami, son parent !'

28 Les enfants de Lévi se conformèrent à l'ordre de Moïse ; et il périt dans le peuple, ce jour-là, environ trois mille hommes.

29 Moïse dit : "Consacrez-vous dès aujourd'hui à l'Éternel, parce que chacun l'a vengé sur son fils, sur son frère et que ce jour vous a mérité sa bénédiction."

30 Puis le lendemain, Moïse dit au peuple : "Pour vous, vous avez commis un grand péché ! Et maintenant, je vais monter vers le Seigneur, peut-être obtiendrai-je grâce pour votre péché."

31 Moïse retourna vers le Seigneur et dit : "Hélas ! Ce peuple est coupable d'un grand péché, ils se sont fait un dieu d'or ;

32 et pourtant, si tu voulais pardonner à leur faute !... Sinon efface-moi du livre que tu as écrit."

33 Le Seigneur répondit à Moïse : "Celui qui a prévariqué envers moi, c'est lui que j'effacerai de mon livre.

34 Et maintenant va, conduis ce peuple où je t'ai dit ; mon envoyé te précédera. Mais le jour où j'aurai à sévir, je leur demanderai compte de ce péché."

35 Ainsi l'Éternel châtia le peuple, comme auteur du veau qu'avait fabriqué Aaron.

CHAPITRE TRENTE-TROIS

L'Éternel dit à Moïse : "Va, pars d'ici avec le peuple que tu as conduit hors du pays d'Égypte et allez au pays que j'ai promis par serment à Abraham, à Isaac et à Jacob, disant : 'Je le donnerai à votre postérité.'

2 J'enverrai devant toi un ange, par lequel j'expulserai le Cananéen, l'Amorréen, le Héthéen, le Phérézéen, le Hévéen et le Jébuséen.

3 Vers ce pays ruisselant de lait et de miel, non, je ne monterai point au milieu de toi, peuple réfractaire que tu es, car je pourrais t'anéantir pendant le voyage."

4 Le peuple, ayant eu connaissance de cette fâcheuse parole, prit le deuil et nul ne se para de ses ornements.

5 L'Éternel dit à Moïse : "Dis aux enfants d'Israël : 'Vous êtes un peuple réfractaire ; si un seul instant je m'avançais au milieu de vous, je vous anéantirais. Donc, déposez vos ornements et j'aviserai à ce que je dois vous faire.' "

6 Les enfants d'Israël renoncèrent à leur parure, à dater du mont Horeb.

7 Pour Moïse, il prit sa tente pour la dresser hors du camp, loin de son enceinte et il la nomma Tente d'assignation ; de sorte que tout homme ayant à consulter le Seigneur devait se rendre à la Tente d'assignation, située hors du camp.

8 Et chaque fois que Moïse se retirait vers la Tente, tout le peuple se levait, chacun se tenait au seuil de sa propre tente et suivait Moïse du regard jusqu'à ce qu'il fût arrivé à la Tente.

9 Quand Moïse y était entré, la colonne de nuée descendait, s'arrêtait à l'entrée de la Tente et Dieu s'entretenait avec Moïse.

10 Et tout le peuple voyait la colonne nébuleuse arrêtée à l'entrée de la Tente et tout le peuple, aussitôt se prosternait, chacun devant sa tente.

11 Or, l'Éternel s'entretenait avec Moïse face à face, comme un homme s'entretient avec un autre ; puis Moïse retournait au camp. Mais Josué, fils de Noun, son jeune serviteur, ne quittait pas l'intérieur de la Tente.

12 Moïse dit au Seigneur : "Considère que tu me dis : 'Fais avancer ce peuple', sans me faire savoir qui tu veux m'adjoindre. D'ailleurs, tu avais dit : 'Je t'ai distingué spécialement et certes tu as trouvé faveur à mes yeux.'

13 Eh bien ! de grâce, si j'ai trouvé faveur à tes yeux, daigne me révéler tes voies, afin que je te connaisse et que je mérite encore ta bienveillance. Songe aussi que c'est ton peuple, cette nation !"

14 Dieu répondit : "Ma face vous guidera et je te donnerai toute sécurité."

15 Moïse lui dit : "Si ta face ne nous guide, ne nous fais pas sortir d'ici.

16 Et comment serait-il avéré que j'ai obtenu ta bienveillance, moi ainsi que ton peuple, sinon parce que tu marches avec nous ? Nous serons ainsi distingués, moi et ton peuple, de tous les peuples qui sont sur la face de la terre."

17 L'Éternél dit à Moïse : "Cette chose-là même, que tu as demandée, je l'accorde, parce que tu as trouvé faveur à mes yeux et que je t'ai spécialement distingué."

18 Moïse reprit : "Découvre-moi donc ta Gloire."

19 Il répondit : "C'est ma bonté tout entière que je veux dérouler à ta vue, et, toi présent, je nommerai de son vrai nom l'Éternel ; alors je ferai grâce à qui je devrai faire grâce et je serai miséricordieux pour qui je devrai l'être."

20 Il ajouta : "Tu ne saurais voir ma face ; car nul homme ne peut me voir et vivre."

21 Le Seigneur ajouta : "Il est une place près de moi : tu te tiendras sur le rocher ;

22 puis, quand passera ma gloire, je te cacherai dans la cavité du roc et je t'abriterai de ma main jusqu'à ce que je sois passé.

23 Alors je retirerai ma main et tu me verras par derrière ; mais ma face ne peut être vue."

CHAPITRE TRENTE-QUATRE

Le Seigneur dit à Moïse : "Taille toi-même deux tables de pierre semblables aux précédentes ; et je graverai sur ces tables les paroles qui étaient sur les premières tables, que tu as brisées.

2 Sois prêt pour le matin ; tu monteras, au matin, sur le mont Sinaï et tu m'y attendras au sommet de la montagne.

3 Nul n'y montera avec toi et nul, non plus, ne doit paraître sur toute la montagne ; qu'on ne laisse même paître aux environs de cette montagne ni menu ni gros bétail."

4 Ayant taillé deux tables de pierre pareilles aux précédentes, Moïse se leva de bonne heure et monta sur le mont Sinaï, comme le lui avait commandé l'Éternel, après avoir pris en main les deux tables de pierre.

5 L'Éternel descendit dans la nuée, s'arrêta là, près de lui et proclama nominativement l'Éternel.

6 La Divinité passa devant lui et proclama : "ADONAÏ est

l'Être éternel, tout puissant, clément, miséricordieux, tardif à la colère, plein de bienveillance et d'équité ;

7 il conserve sa faveur à la millième génération ; il supporte le crime, la rébellion, la faute, mais il ne les absout point : il poursuit le méfait des pères sur les enfants, sur les petits-enfants, jusqu'à la troisième et à la quatrième descendance."

8 Aussitôt Moïse s'inclina jusqu'à terre et se prosterna ;

9 et il dit : "Ah ! si j'ai trouvé faveur à tes yeux, Seigneur, daigne marcher encore au milieu de nous ! Oui, ce peuple est indocile, mais tu pardonneras notre iniquité et nos péchés et nous resterons ton héritage."

10 Il répondit : "Eh bien ! je renouvelle le pacte : à la face de tout ton peuple, je ferai des prodiges qui n'ont encore été opérés dans aucun pays, chez aucune nation ; et tout le peuple qui t'entoure verra combien est imposante l'œuvre de l'Éternel, que j'accomplirai par toi."

11 Mais prends garde à ce que je te commande aujourd'hui. Voici, j'écarterai de devant toi l'Amorréen, le Cananéen, le Héthéen, le Phérézéen, le Hévéen et le jébuséen.

12 Garde-toi de contracter alliance avec l'habitant du pays que tu vas occuper : il deviendrait un danger au milieu de toi.

13 Au contraire, vous renverserez leurs autels, vous briserez leurs monuments, vous abattrez leurs bosquets.

14 Car tu ne dois pas te courber devant une divinité étrangère, parce que l'Éternel a nom JALOUX, c'est un Dieu jaloux !

15 Garde-toi de faire alliance avec l'habitant de ce pays : prostitué au culte de ses dieux, il leur sacrifierait et il te convierait à ses sacrifices et tu en mangerais.

16 Puis, tu choisirais parmi ses filles des épouses à tes fils ; et

ses filles, s'abandonnant au culte de leurs dieux, entraîneraient tes fils dans leur culte.

17 Tu ne te fabriqueras point des dieux de métal.

18 Observe la fête des Azymes : sept jours tu mangeras des azymes, comme je te l'ai prescrit, à l'époque du mois de la germination, car c'est dans ce mois que tu es sorti de l'Égypte.

19 Toutes prémices des entrailles sont à moi : tout ce qui, dans ton bétail, naîtrait mâle, premier-né de la vache ou de la brebis.

20 Le premier-né de l'âne, tu le rachèteras par un agneau, sinon tu lui briseras la nuque ; tout premier-né de tes fils, tu le rachèteras et ils ne paraîtront point devant moi sans offrande.

21 Six jours tu travailleras et le septième jour tu chômeras ; labourage et moisson seront interrompus.

22 Tu auras aussi une fête des Semaines, pour les prémices de la récolte du froment ; puis la fête de l'Automne, au renouvellement de l'année.

23 Trois fois l'année, tous tes mâles paraîtront en présence du Souverain, de l'Éternel, Dieu d'Israël.

24 Car je déposséderai des peuples à cause de toi et je reculerai ta frontière : et cependant nul ne convoitera ton territoire, quand tu t'achemineras pour comparaître devant l'Éternel ton Dieu, trois fois l'année.

25 Tu ne feras point couler ; en présence du pain levé, le sang de ma victime, ni ne différeras jusqu'au matin le sacrifice de cette victime pascale.

26 Les prémices nouvelles de ta terre, tu les apporteras dans la maison de l'Éternel ton Dieu. Tu ne feras point cuire un chevreau dans le lait de sa mère."

27 L'Éternel dit à Moïse : "Consigne par écrit ces paroles ;

car c'est à ces conditions mêmes que j'ai conclu une alliance avec toi et avec Israël."

28 Et il passa là avec le Seigneur quarante jours et quarante nuits, ne mangeant point de pain, ne buvant point d'eau ; et Dieu écrivit sur les tables les paroles de l'alliance, les dix commandements.

29 Or, lorsque Moïse redescendit du mont Sinaï, tenant en main les deux tables du Statut, il ne savait pas que la peau de son visage était devenue rayonnante lorsque Dieu lui avait parlé.

30 Aaron et tous les enfants d'Israël regardèrent Moïse et voyant rayonner la peau de son visage, ils n'osèrent l'approcher.

31 Moïse les appela, Aaron et tous les phylarques de la communauté se rapprochèrent de lui et Moïse leur parla.

32 Ensuite s'avancèrent tous les enfants d'Israël et il leur transmit tous les ordres que l'Éternel lui avait donnés sur le mont Sinaï.

33 Moïse, ayant achevé de parler, couvrit son visage d'un voile.

34 Or, quand Moïse se présentait devant l'Éternel pour communiquer avec lui, il ôtait ce voile jusqu'à son départ ; sorti de ce lieu, il répétait aux Israélites ce qui lui avait été prescrit

35 et les Israélites remarquaient le visage de Moïse, dont la peau était rayonnante ; puis Moïse remettait le voile sur son visage, jusqu'à ce qu'il rentrât pour communiquer avec le Seigneur.

CHAPITRE TRENTE-CINQ

Moïse convoqua toute la communauté des enfants d'Israël et leur dit : "Voici les choses que l'Éternel a ordonné d'observer.

2 Pendant six jours on travaillera, mais au septième vous aurez une solennité sainte, un chômage absolu en l'honneur de l'Éternel ; quiconque travaillera en ce jour sera mis à mort.

3 Vous ne ferez point de feu dans aucune de vos demeures en ce jour de repos."

4 Moïse parla en ces termes à toute la communauté d'Israël : "Voici ce que l'Éternel m'a ordonné de vous dire :

5 'Prélevez sur vos biens une offrande pour l'Éternel ; que tout homme de bonne volonté l'apporte, ce tribut du Seigneur : de l'or, de l'argent et du cuivre ;

6 des étoffes d'azur, de pourpre, d'écarlate, de fin lin et de poil de chèvre ;

7 des peaux de bélier teintes en rouge, des peaux de tahach et du bois de chittim ;

8 de l'huile pour le luminaire, des aromates pour l'huile d'onction et pour la combustion des parfums ;

9 des pierres de choham et des pierres à enchâsser, pour l'éphod et le pectoral.

10 Puis, que les plus industrieux d'entre vous se présentent pour exécuter tout ce qu'a ordonné l'Éternel :

11 le tabernacle, avec son pavillon et sa couverture ; ses agrafes et ses solives, ses traverses, ses piliers et ses socles ;

12 l'arche avec ses barres, le propitiatoire, le voile protecteur ;

13 la table, avec ses barres et toutes ses pièces, ainsi que les pains de proposition ;

14 le candélabre pour l'éclairage avec ses ustensiles et ses lampes et l'huile du luminaire ;

15 l'autel du parfum avec ses barres, l'huile d'onction et le parfum aromatique, puis le rideau d'entrée pour l'entrée du tabernacle ;

16 l'autel de l'holocauste avec son grillage de cuivre, ses barres et tous ses ustensiles ; la cuve avec son support ;

17 les toiles du parvis, ses piliers et ses socles et le rideau-portière du parvis ;

18 les chevilles du tabernacle, celles du parvis et leurs cordages ;

19 les tapis d'emballage pour le service des choses saintes ; les vêtements sacrés pour Aaron, le pontife et ceux que ses fils porteront pour fonctionner.' "

20 Toute la communauté des enfants d'Israël se retira de devant Moïse.

21 Puis vinrent tous les hommes au cœur élevé, aux sentiments généreux, apportant le tribut du Seigneur pour l'œuvre de

la Tente d'assignation et pour tout son appareil, ainsi que pour les vêtements sacrés.

22 Hommes et femmes accoururent. Tous les gens dévoués de cœur apportèrent boucles, pendants, anneaux, colliers, tout ornement d'or ; quiconque avait voué une offrande en or pour le Seigneur.

23 Tout homme se trouvant en possession d'étoffes d'azur, de pourpre, d'écarlate, de fin lin, de poil de chèvre, de peaux de bélier teintes en rouge, de peaux de tahach, en fit hommage.

24 Quiconque put prélever une offrande d'argent ou de cuivre, apporta l'offrande du Seigneur ; et tous ceux qui avaient par devers eux du bois de chittîm propre à un des ouvrages à exécuter, l'apportèrent.

25 Toutes les femmes industrieuses filèrent elles-mêmes et elles apportèrent, tout filés, l'azur, la pourpre, l'écarlate et le lin ;

26 et toutes celles qui se distinguaient par une habileté supérieure, filèrent le poil de chèvre.

27 Quant aux phylarques, ils apportèrent les pierres de choham et les pierres à enchâsser, pour l'éphod et le pectoral ;

28 et les aromates et l'huile pour l'éclairage, pour l'huile d'onction et pour le fumigatoire aromatique.

29 Tous, hommes et femmes, ce que leur zèle les porta à offrir pour les divers travaux que l'Éternel avait prescrits par l'organe de Moïse, les enfants d'Israël en firent l'hommage spontané à l'Éternel.

30 Moïse dit aux enfants d'Israël : "Voyez ; l'Éternel a désigné nominativement Beçalel, fils d'Ouri, fils de Hour, de la tribu de Juda.

31 Il l'a rempli d'un souffle divin ; d'habileté, de jugement, de science, d'aptitude pour tous les arts ;

32 lui a appris à combiner des tissus ; à mettre en œuvre l'or, l'argent et le cuivre ;

33 à tailler la pierre pour la sertir, à travailler le bois, à exécuter toute œuvre d'artiste.

34 Il l'a aussi doué du don de l'enseignement, lui et Oholiab, fils d'Ahisamak, de la tribu de Dan.

35 Il les a doués du talent d'exécuter toute œuvre d'artisan, d'artiste, de brodeur sur azur, pourpre, écarlate et fin lin, de tisserand, enfin de tous artisans et artistes ingénieux.

CHAPITRE TRENTE-SIX

"Donc Beçalel et Oholiab et tous les hommes de talent à qui le Seigneur a dispensé industrie et intelligence pour concevoir et pour exécuter, exécuteront tout le travail de la sainte entreprise, conformément à ce qu'a ordonné l'Éternel."

2 Moïse manda Beçalel et Oholiab, ainsi que tous les hommes de talent à qui le Seigneur avait départi un génie industrieux, quiconque se sentait digne d'entreprendre l'œuvre, capable de l'exécuter.

3 Ils emportèrent de devant Moïse, pour la mettre en œuvre, toute l'offrande présentée par les Israélites pour l'exécution de la sainte œuvre. Mais ceux-ci continuant de lui apporter, chaque matin, des dons volontaires,

4 tous les artistes qui travaillaient aux diverses parties de la tâche sacrée, revinrent chacun du travail dont ils s'occupaient

5 et dirent à Moïse : "Le peuple fait surabondamment d'of-

frandes, au delà de ce qu'exige l'ouvrage que l'Éternel a ordonné de faire."

6 Sur l'ordre de Moïse, on fit circuler dans le camp cette proclamation : "Que ni homme ni femme ne préparent plus de matériaux pour la contribution des choses saintes !" Et le peuple s'abstint de faire des offrandes.

7 Les matériaux suffirent et par delà, pour l'exécution de tout l'ouvrage.

8 Les plus habiles parmi les ouvriers composèrent les dix tapis de l'enceinte, en lin retors, étoffes d'azur, de pourpre et d'écarlate, artistement damassés de chérubins.

9 Longueur de chaque tapis, vingt-huit coudées ; largeur, quatre coudées, même dimension pour tous les tapis.

10 On attacha cinq des tapis bout à bout et bout à bout aussi les cinq autres.

11 On disposa des nœuds de laine azurée au bord du tapis extrême d'un assemblage et de même au bord du tapis terminant le second assemblage.

12 On mit cinquante de ces nœuds à un tapis et cinquante nœuds au bord du tapis terminant le second assemblage ; ces nœuds étaient en regard l'un de l'autre.

13 On fit cinquante agrafes d'or, par lesquelles on joignit les tapis l'un à l'autre, de sorte que l'enceinte se trouva continue.

14 On fabriqua des tapis en poil de chèvre, pour servir de pavillon à cette enceinte ; on les fit au nombre de onze.

15 Longueur d'un tapis, trente coudées ; largeur de chacun, quatre coudées : dimension égale pour les onze tapis.

16 On joignit cinq des tapis séparément et les six autres séparément.

17 On disposa cinquante nœuds au bord du tapis terminant un

assemblage et cinquante nœuds au bord du tapis extrême du second assemblage.

18 On fit cinquante agrafes de cuivre, destinées à réunir le pavillon en un seul corps.

19 On arrangea, pour couvrir ce pavillon, des peaux de bélier teintes en rouge, puis, par-dessus, une couverture de peaux de tahach.

20 On fit les solives destinées au tabernacle : des ais de chittîm, perpendiculaires.

21 Dix coudées formaient la longueur de chaque solive, une coudée et demie la largeur de chacune.

22 Chaque solive portait deux tenons, parallèles l'un à l'autre ; ce qu'on pratiqua pour toutes les solives du tabernacle.

23 On prépara ainsi les solives du tabernacle vingt solives pour le côté du sud, regardant le midi.

24 Quarante socles d'argent furent destinés aux vingt solives : deux socles sous une solive, recevant ses deux tenons et deux socles sous une autre, pour ses deux tenons.

25 Pour le second côté du tabernacle, à la face nord, on fit vingt solives,

26 ainsi que leurs quarante socles d'argent : deux socles sous une solive, deux socles sous l'autre.

27 Pour le côté postérieur du tabernacle, à l'occident, on fit six solives

28 et l'on ajouta deux solives pour les angles postérieurs du tabernacle.

29 Elles devaient être accouplées par le bas et s'ajuster également vers le sommet par un seul anneau : on le fit ainsi pour toutes deux, pour les deux encoignures.

30 Cela devait former huit solives, avec leurs socles d'argent, soit seize socles : deux socles uniformément sous chaque solive.

31 Puis on fit des traverses en bois de chittîm cinq pour les solives d'une face du tabernacle ;

32 cinq autres traverses pour les solives de la seconde face du tabernacle ; enfin, cinq pour les solives du tabernacle situées du côté postérieur, vers l'occident.

33 On tailla la traverse du milieu, devant passer dans l'intérieur des solives d'une extrémité à l'autre.

34 Ces solives, on les recouvrit d'or ; on fit en or leurs anneaux, qui devaient recevoir les traverses et l'on recouvrit les traverses d'or.

35 Puis on fit le voile, en étoffes d'azur, de pourpre, d'écarlate et de lin retors ; on le fabriqua artistement en le damassant de chérubins.

36 On confectionna pour lui quatre piliers de chittîm que l'on recouvrit d'or, dont les crochets furent d'or et pour lesquels on moula quatre socles d'argent.

37 Et l'on fit un rideau pour l'entrée de la tente : en azur, pourpre, écarlate et lin retors, artistement brodés ;

38 plus, ses cinq piliers avec leurs crochets. On en dora les chapiteaux et les tringles et on fit leurs cinq socles en cuivre.

CHAPITRE TRENTE-SEPT

Beçalel exécuta l'arche en bois de chittîm. Elle avait deux coudées et demie de long, une coudée et demie de large, une coudée et demie de haut.

2 Il la revêtit d'or pur, par dedans et par dehors et il l'entoura d'une corniche en or.

3 Il moula quatre anneaux d'or pour ses quatre angles ; savoir, deux anneaux pour l'une de ses faces, deux anneaux pour la face opposée.

4 Il fit des barres en bois de chittîm et les recouvrit d'or.

5 Il introduisit ces barres dans les anneaux, aux côtés de l'arche, pour qu'on pût la transporter.

6 Il confectionna un propitiatoire d'or pur, ayant deux coudées et demie de longueur, une coudée et demie de largeur.

7 Il fabriqua deux chérubins d'or, qu'il fit d'une seule pièce, ressortant des deux bouts du propitiatoire.

8 Un chérubin à l'un des bouts, un chérubin au bout opposé ;

c'est du propitiatoire même qu'il-fit saillir ces chérubins, à ses deux extrémités.

9 Les chérubins, dont les ailes étaient déployées en avant, dominaient de leurs ailes le propitiatoire ; et leurs visages, tournés l'un vers l'autre, s'inclinaient vers le propitiatoire.

10 Puis il fit la table en bois de chittîm ; deux coudées formaient sa longueur, une coudée sa largeur, une coudée et demie sa hauteur.

11 Il la revêtit d'or pur et il l'entoura d'une bordure d'or.

12 Il y ajusta, à l'entour, un châssis large d'un palme qu'il entoura d'une bordure d'or.

13 Il moula pour cette table quatre anneaux d'or et fixa ces anneaux aux quatre extrémités formées par les quatre pieds.

14 C'est en regard du châssis que se trouvaient ces anneaux, où devaient passer les barres destinées à porter la table.

15 Il fit ces barres de bois de chittîm et les recouvrit d'or ; elles servirent à porter la table.

16 Il confectionna encore les ustensiles relatifs à la table : ses sébiles, ses cuillers et ses demi-tubes, ainsi que les montants dont elle devait être garnie ; le tout en or pur.

17 Il exécuta le candélabre en or pur. Il le fit tout d'une pièce, avec sa base et son fût ; ses calices, ses boutons et ses fleurs faisaient corps avec lui.

18 Six branches sortaient de ses côtés : trois branches d'un côté, trois branches du côté opposé.

19 Trois calices amygdaloïdes à l'une des branches, avec bouton et fleur et trois calices amygdaloïdes à une autre branche, avec bouton et fleur ; même disposition pour les six branches qui partaient du candélabre.

20 Le fût du candélabre même portait quatre calices amygdaloïdes, avec ses boutons et ses fleurs,

21 savoir, un bouton à l'origine d'une de ses paires de branches, un bouton à l'origine de la seconde paire de branches, un bouton à l'origine de la troisième paire : ainsi, pour les six branches qui en ressortaient."

22 Boutons et branches faisaient corps avec lui : il formait tout entier une seule masse d'or pur.

23 Il en fabriqua aussi les lampes au nombre de sept, puis les mouchettes et les godets, le tout en or pur.

24 Il employa un kikkar d'or pur à le confectionner avec tous ses accessoires.

25 Il construisit l'autel du parfum en bois de chittîm, long d'une coudée, large d'une coudée, conséquemment carré, et haut de deux coudées ; ses cornes faisaient corps avec lui.

26 Il le revêtit d'or pur, sa plate-forme, ses parois tout autour et ses cornes et il l'entoura d'un bordure d'or.

27 Il y adapta deux anneaux d'or au-dessous de la bordure, à ses deux parois, de part et d'autre, pour recevoir des barres destinées à le porter.

28 Il fit ces barres de bois de chittîm et les recouvrit d'or.

29 Il composa aussi l'huile d'onction sainte et le parfum aromatique pur, selon l'art du parfumeur.

CHAPITRE TRENTE-HUIT

Puis il fit l'autel de l'holocauste en bois de chittîm ; cinq coudées furent sa longueur, cinq coudées sa largeur, il était carré, et trois coudées sa hauteur,

2 Il en sculpta les cornes aux quatre angles, ces cornes faisant corps avec lui ; puis il le revêtit de cuivre

3 Il fabriqua tous les ustensiles de l'autel : les cendriers, les pelles, les bassins, les fourches et les brasiers ; il fit tous ces ustensiles de cuivré.

4 Il fit pour l'autel un grillage formant un réseau de cuivre, au-dessous de l'entablement et régnant jusqu'au milieu.

5 Il moula quatre anneaux aux quatre angles, sur le grillage de cuivre, pour y passer les barres,

6 Il fit ces barres en bois de chittîm et les recouvrit de cuivre ;

7 et il les introduisit dans les anneaux, aux côtés de l'autel, pour servir à le transporter ; C'est en boiserie creuse qu'il le disposa.

8 Il fabriqua la cuve en cuivre et son support de même, au moyen des miroirs des femmes qui s'étaient attroupées à l'entrée de la Tente d'assignation.

9 Il prépara le parvis. Pour le côté du sud, regardant le midi, les toiles du parvis en lin retors, avaient cent coudées,

10 Il fit leurs vingt piliers avec leurs vingt socles de cuivre ; les crochets des piliers et leurs tringles, en argent.

11 Pour le côté nord, cent coudées de toiles, ayant vingt piliers avec vingt socles de cuivre, avec crochets et tringles d'argent.

12 Pour la face occidentale, des toiles mesurant cinquante coudées, avec dix piliers à dix socles, à crochets et tringles d'argent.

13 Pour la face orientale, au levant, cinquante coudées.

14 Quinze coudées de toiles pour une aile, avec trois piliers et trois socles ;

15 pour la seconde aile, elles s'étendaient des deux côtés de l'entrée du parvis, quinze coudées de toiles, ayant trois piliers avec trois socles.

16 Toutes les toiles formant le pourtour du parvis étaient en lin retors,

17 Les socles destinés aux piliers étaient de cuivre ; les crochets des piliers et leurs tringles, d'argent et leurs chapiteaux étaient recouverts en argent : ainsi se trouvaient reliés par de l'argent tous les piliers du parvis.

18 Le rideau portière du parvis, ouvragé en broderie, était d'azur, de pourpre, d'écarlate et de lin retors. Il avait vingt coudées de longueur ; hauteur, formée par la largeur, cinq coudées, semblablement aux toiles du parvis.

19 Elles avaient quatre piliers, avec quatre socles de cuivre ;

leurs crochets étaient d'argent, ainsi que la garniture de leurs chapiteaux et que leurs tringles.

20 Enfin, toutes les chevilles destinées au tabernacle et au pourtour du parvis étaient de cuivre.

21 Telle est la distribution du tabernacle, résidence du Statut, comme elle fut établie par l'ordre de Moïse ; tâche confiée aux Lévites, sous la direction d'Ithamar, fils d'Aaron le pontife.

22 Beçalel, fils d'Ouri, fils dé Hour, de la tribu de Juda, exécuta donc tout ce que l'Éternel avait ordonné à Moïse,

23 secondé par Oholiab, fils d'Ahisamak, de la tribu de Dan, artisan et artiste, brodeur en étoffes d'azur, de, pourpre, d'écarlate et de fin lin.

24 Tout l'or employé à cette œuvre, aux diverses parties de l'œuvre sainte, cet or, produit de l'offrande, se monta à vingt-neuf kikkar, plus sept cent trente sicles, selon le poids du sanctuaire.

25 Ll'argent, produit du dénombrement de la communauté, fut de cent kikkar, plus mille sept cent soixante-quinze sicles, au poids du sanctuaire :

26 à un béka par tête, soit un demi sicle au poids du sanctuaire, pour tous ceux qui firent partie du dénombrement, depuis l'âge de vingt ans et au-dessus, au nombre de six cent trois mille cinq cent cinquante.

27 Or, les cent kikkar d'argent servirent à fondre les socles du sanctuaire et les socles du voile pour les cent socles cent kikkar, un kikkar par socle.

28 Quant aux mille sept cent soixante quinze sicles, on en fit les crochets des piliers, la garniture de leurs chapiteaux et leurs tringles.

29 Le cuivre qu'on avait offert se monta à soixante-dix kikkar, plus deux mille quatre cents sicles.

30 On en fit les socles de l'entrée de la Tente d'assignation, l'autel de cuivre ainsi que son grillage de cuivre et tous les ustensiles de cet autel ;

31 les socles au pourtour du parvis, ceux de l'entrée du parvis ; toutes les chevilles du tabernacle et toutes celles du parvis, tout autour.

CHAPITRE TRENTE-NEUF

Des étoffes d'azur, de pourpre et d'écarlate, on fit des tapis d'emballage pour lé service des choses saintes ; puis on fit le saint costume d'Aaron, ainsi que l'Éternel l'avait prescrit à Moïse.

2 On confectionna l'éphod, en or, azur, pourpre, écarlate et lin retors,

3 On laminait des lingots d'or, puis on y coupait des fils qu'on entremêlait aux fils d'azur, à ceux de pourpre, d'écarlate et de fin lin, en façon de damassé.

4 On y adapta des épaulières d'attache, par lesquelles ses deux extrémités se trouvèrent jointes.

5 La ceinture servant à le fixer faisait partie de son tissu, était ouvragée de même : or, azur, pourpre, écarlate et lin retors, comme l'Éternel l'avait prescrit à Moïse.

6 On mit en œuvre les pierres de choham, qu'on enchâssa dans des chatons d'or et où l'on grava, comme on grave un sceau, les noms des fils d'Israël.

7 On les ajusta sur les épaulières de l'éphod, comme pierres de souvenir pour les Israélites, ainsi que l'Éternel l'avait ordonné à Moïse.

8 Puis on confectionna le pectoral damassé à la façon de l'éphod ; en or, azur, pourpre, écarlate et lin retors.

9 Ce pectoral était carré, on l'avait plié en deux ; ainsi plié, il avait un empan de long et un empan de large.

10 On y enchâssa quatre rangées de pierreries. Sur une rangée : un rubis, une topaze et une émeraude, première rangée ;

11 deuxième rangée : un nofek, un saphir et un diamant ;

12 troisième rangée : un léchem, un chebô et un ahlama ;

13 quatrième rangée : une tartessienne, un choham et un jaspe. Quant à leur sertissure, elles furent enchâssées dans des chatons d'or.

14 Ces pierres portant les noms des fils d'Israël, étaient douze selon ces mêmes noms ; on y avait gravé comme sur un sceau, chacune par son nom, les douze tribus.

15 On prépara, pour le pectoral, des chaînettes cordonnées, forme de torsade, en or pur ; puis on fit deux chatons d'or et deux anneaux d'or.

16 On plaça ces deux anneaux aux deux coins du pectoral ;

17 on passa les deux torsades d'or dans les deux anneaux sur les coins du pectoral et les deux extrémités de chaque torsade,

18 on les fixa sur deux chatons, les appliquant aux épaulières de l'éphod du côté de la face.

19 On fit aussi deux anneaux d'or, qu'on plaça aux deux coins du pectoral, sur le bord intérieur faisant face à l'éphod ;

20 et l'on fit deux autres anneaux d'or, qu'on fixa aux deux épaulières de l'éphod, par en bas, au côté extérieur, à l'endroit de l'attache, au-dessus de la ceinture de l'éphod.

21 On assujettit le pectoral en joignant ses anneaux à ceux de l'éphod par un cordon d'azur, afin que le pectoral fût maintenu sur la ceinture de f'éphod et n'y vacillât point, ainsi que l'Éternel l'avait prescrit à Moïse.

22 Ensuite on fit la robe de l'éphod selon l'art du tisserand, toute en étoffe d'azur.

23 L'ouverture de la robe était infléchie comme celle d'une cotte de mailles et garnie d'un ourlet tout autour, afin de ne pas se déchirer.

24 On disposa, au bas de la robe, des grenades d'azur, de pourpre et d'écarlate, à brins retors ;

25 et l'on fit des clochettes d'or pur et l'on entremêla les clochettes aux grenades, au bas de la robe, tout autour, entre les grenades :

26 une clochette, puis une grenade ; une clochette, puis une grenade, au bord de la robe, tout autour, pour le saint ministère, ainsi que l'Éternel l'avait ordonné à Moïse.

27 On confectionna les tuniques en fin lin, selon l'art du tisserand, pour Aaron et pour ses fils ;

28 et la tiare en fin lin, de même que les turbans pour coiffure ;

29 et les caleçons de toile, en lin retors ; et l'écharpe, en lin retors , azur, pourpre et écarlate, ouvragé de broderie, ainsi que l'Éternel l'avait ordonné à Moïse.

30 On exécuta la plaque, diadème sacré, en or pur et l'on y traça cette inscription gravée comme sur un sceau : "CONSACRÉ AU SEIGNEUR".

31 On y fixa un ruban d'azur, qui devait passer sur la tiare, vers le sommet, comme l'Éternel l'avait ordonné à Moïse.

32 Ainsi fut terminé tout le travail du tabernacle de la Tente

d'assignation ; les Israélites l'avaient exécuté en agissant, de tout point, selon ce que l'Éternel avait enjoint à Moïse.

33 Alors on apporta à Moïse le tabernacle et le pavillon avec toutes leurs pièces : agrafes, solives, traverses, piliers et socles ;

34 la couverture de peaux de bélier teintes en rouge, la couverture de peaux de Tahach et le voile protecteur ;

35 l'arche du Statut avec ses barres et le propitiatoire ;

36 la table avec toutes ses pièces et les pains de proposition ;

37 le candélabre d'or pur, avec ses lampes tout arrangées et tous ses ustensiles ; l'huile du luminaire ;

38 l'autel d'or, l'huile d'onction et le parfum aromatique ; le rideau d'entrée de la Tente ;

39 l'autel de cuivre avec son grillage de cuivre, ses barres et tous ses ustensiles ; la cuve avec son support ;

40 les toiles du parvis, ses piliers et, ses socles ; le rideau formant la porte du parvis, ainsi que ses cordages et ses chevilles, enfin tous les ustensiles nécessaires au tabernacle de la Tente d'assignation ; les tapis d'emballage pour le service des choses saintes ;

41 les vêtements sacrés d'Aaron le pontife et les vêtements sacerdotaux de ses fils.

42 Exactement comme le Seigneur l'avait commandé à Moïse, ainsi les Israélites avaient accompli toute la tâche.

43 Moïse examina tout le travail : or ils l'avaient exécuté conformément aux prescriptions du Seigneur. Et Moïse les bénit.

CHAPITRE QUARANTE

L'Éternel parla à Moïse en ces termes :

2 "A l'époque du premier mois, le premier jour du mois, tu érigeras le tabernacle de la Tente d'assignation.

3 Tu y déposeras l'arche du Statut et tu abriteras cette arche au moyen du voile.

4 Tu introduiras la table et tu en disposeras l'appareil ; tu introduiras le candélabre et tu en allumeras les lampes.

5 Tu installeras l'autel d'or, destiné à l'encensement, devant l'arche du Statut, puis tu mettras le rideau d'entrée devant le tabernacle.

6 Tu installeras l'autel de l'holocauste devant l'entrée du tabernacle de la Tente d'assignation.

7 Tu mettras la cuve entre la Tente d'assignation et l'autel et tu l'empliras d'eau.

8 Tu dresseras le parvis tout autour et tu poseras le rideau-portière du parvis.

9 Puis tu prendras l'huile d'onction, pour oindre le tabernacle et tout son contenu, tu le consacreras ainsi que toutes ses pièces et il deviendra chose sacrée.

10 Tu en oindras l'autel de l'holocauste et tous ses ustensiles, tu consacreras ainsi cet autel et il deviendra éminemment saint.

11 Tu en oindras la cuve et son support et tu les consacreras.

12 Alors tu feras avancer Aaron et ses fils à l'entrée de la Tente d'assignation et tu les feras baigner.

13 Tu revêtiras Aaron du saint costume, tu l'oindras et le consacreras à mon ministère.

14 Puis tu feras approcher ses fils et tu les vêtiras de leurs tuniques.

15 Tu les oindras, ainsi que tu auras oint leur père et ils deviendront mes ministres ; et ainsi leur sera conféré le privilège d'un sacerdoce perpétuel, pour toutes leurs générations."

16 Moïse obéit : tout ce que l'Éternel lui avait prescrit, il s'y conforma.

17 Ce fut au premier mois de la deuxième année, au premier jour du mois, que fut érigé le Tabernacle.

18 Moïse dressa d'abord le tabernacle ; il en posa les socles, en planta les solives, en fixa les traverses, en érigea les piliers ;

19 il étendit le pavillon sur le tabernacle et posa sur le pavillon sa couverture supérieure, ainsi que l'Éternel le lui avait ordonné.

20 Il prit ensuite le Statut qu'il déposa dans l'arche ; il appliqua les barres à l'arche, plaça le propitiatoire par-dessus ;

21 introduisit l'arche dans le Tabernacle et suspendit le voile protecteur pour abriter l'arche du Statut, comme l'Éternel le lui avait ordonné.

22 Il plaça la table dans la Tente d'assignation vers le flanc nord du Tabernacle, en dehors, du voile

23 et y disposa l'appareil des pains devant le Seigneur, comme celui-ci le lui avait ordonné.

24 Il posa le candélabre dans la Tente d'assignation, en face de la table, au flanc méridional du Tabernacle

25 et alluma les lampes devant le Seigneur, comme celui-ci le lui avait ordonné.

26 Il établit l'autel d'or dans la Tente d'assignation, devant le voile

27 et y fit l'encensement aromatique, comme le Seigneur lui avait prescrit.

28 Puis il fixa le rideau d'entrée du Tabernacle

29 et l'autel aux holocaustes, il le dressa à l'entrée du tabernacle de la Tente d'assignation. Il y offrit l'holocauste et l'oblation, comme le lui avait prescrit le Seigneur.

30 Il installa la cuve entre la Tente d'assignation et l'autel et y mit de l'eau pour les ablutions.

31 Moïse, Aaron et ses fils devaient s'y laver les mains et les pieds.

32 C'est en entrant dans la Tente d'assignation ou quand ils s'approchaient de l'autel, qu'ils devaient faire ces ablutions, ainsi que le Seigneur l'avait prescrit à Moïse.

33 Il dressa le parvis autour du Tabernacle et de l'autel, il posa le rideau-portière du parvis ; et ainsi Moïse termina sa tâche.

34 Alors la nuée enveloppa la Tente d'assignation et la majesté du Seigneur remplit le Tabernacle.

35 Et Moïse ne put pénétrer dans la Tente d'assignation,

parce que la nuée reposait au sommet et que la majesté divine remplissait le Tabernacle.

36 Lorsque la nuée se retirait de dessus le tabernacle, les enfants d'Israël quittaient constamment leur station

37 et tant que la nuée ne se retirait pas, ils ne décampaient point jusqu'à l'instant où elle se retirait.

38 Car une nuée divine couvrait le Tabernacle durant le jour et un feu y brillait la nuit, aux yeux de toute la maison d'Israël, dans toutes leurs stations.

Copyright © 2020 par FV Éditions
ISBN -Ebook : 979-10-299-0892-7
ISBN - Couverture souple : 9798642713358
ISBN - Couverture rigide : 979-10-299-0893-4
Tous Droits Réservés
*
Également Disponible

www.ingramcontent.com/pod-product-compliance
Lightning Source LLC
LaVergne TN
LVHW091544070526
838199LV00002B/196